【最美好、也最殘酷的翻身時代 2】

我在計程車上看到的財富風景

往上翻身與向下墜落的關鍵瞬間

最會說故事的理財作家 **畢德歐夫** 著

前言
運將大哥、大姊給我們的人生禮物

專欄寫作非常多年了，搭計程車與司機的對話故事總是受到讀者們的熱烈迴響。

也許是因爲社會上小人物的故事更能夠讓讀者產生同感，可以讓人看看各年齡層的運將對於人生、投資理財、養兒育女等等不同的看法。

我始終相信，少走冤枉路的最好方法，除了在學校之外，一定是社會上各式各樣的人，我們從他們身上學東西一定最快。

有別於上一本著作《最美好、也最殘酷的翻身時代》，當時出書的主要想法是「爲這社會留下點自己的軌跡」。

取之於社會，用之於社會。

當我們成爲一個更好的人，也別忘記是這個社會孕育我們、包容我們，才形成了今日的模樣。

既然如此，我們有能力的話，就做點事情奉獻社會。

而這本以計程車運將爲主題的書，則是想要「爲七十歲時的自己留下點記憶」。

動心起念很單純，就是大家都會年長，隨著歲月的流逝，記憶力也會大不如前。

早年到台北打拚時曾精算過，住在台北其實不買車是比較划算的，盡量搭捷運或其他交通工具是比較省事的做法，到了現在也沒有改變。

也許就是習慣了，總覺得將來如果有需要買車，隨時再買也無妨。

因此這麼多年來，搭乘過至少上千趟計程車，與運將有對話的，自然也累積了不少趟，但不可能在腦海中永遠不忘。

有些對話非常有意思，讓我成長許多，這些前輩們給我們的人生禮物，實在捨不得、也不能就這樣遺忘丟失。

於是集結了一些精華起來，打算留給自己常常反覆閱讀之用。

書中的計程車運將大哥、大姊，有曾經的遠洋大副、當鋪老闆、賭場員工、開餐飲的老闆、工程師等等。

大家都想要有錢過好日子，這些運將大哥、大姊當然也是如此。

不過，搭車過程也發掘到，有不少人是退休後很無聊，其實也不怎麼缺錢，出來繞一繞而已。

這讓我們更清楚了解到，富人終究有許多不同的面貌，並非電視劇中演的那樣，天天下午茶、每個月出國血拚等等。

當然，也有些人是走投無路，有些人則是茫然還找不到目標。

對於財務自由這件事，大家是否真的有想通這是怎麼一回事？

還是單純只覺得有錢就好。賺到三千萬、五千萬、一億，這樣就能獲得最後的自由，人生就會充滿無限希望？

其實平心而論，大多數人很難得到財務自由，除非家中留有大量資產，那另當別論，否則要在五十歲前退休，難度極高。

因為這是比自律、比耐力的一場人生馬拉松。偏偏大多數人缺乏耐心，缺乏紀律，而且不小心就走了歪路，然後一轉眼就是中年以後的樣貌。

這社會好殘酷，爲什麼沒有人先跟我們說這些考題怎麼解？其實這些想法以前我也有過，後來，到大城市拚過一遭，靜靜品味人生才發現，生活中處處都有考古題。

這些社會小人物的故事，就是我們的參考範例。

本書共分爲六篇，內容維持過去的淺顯易懂風格，不會有深奧看不懂的長篇大論。

這是我送給七十歲的自己一份紀念品，記錄著搭乘計程車四處跑的點點滴滴。

不管是寫作、演講，還是回覆讀者信件，都是戰戰兢兢，這本書的完成自然也不能隨便馬虎。

也期盼這份禮物可以幫助到更多讀者，提早摸索出一些屬於自己的人生方向。

祝每位讀者都能越來越好，有美好的每一天，工作順心。

畢德歐夫

CONTENTS

CHAPTER 2

【買房篇】

自住資產不只是爲自己，也是爲下一代買份保險

CHAPTER 3

人生沒有Google Maps

【挑戰篇】

CHAPTER 4

【守成篇】慢慢來，比較快

CHAPTER 5

【事業篇】

計程車運將的多重宇宙

CHAPTER 6

【終點篇】

我們都年輕過，有一天也會老

CHAPTER 1

【築夢篇】

有強健的家庭理財成果，才能讓下一代大膽追夢

1 一個年輕運將的北歐築夢之旅

之前有過一次搭車經驗，那時候忙碌，沒立即寫下來。現代人每天都太忙了，有時連一、兩週前發生的事都記不住，不過這個年輕人讓人印象深刻，現在還能記錄一下。

記得當時從市區回內湖，叫了台 Uber，車子是一般常見的 Toyota，後座空間比較大的車型，也忘記是什麼車款了，沒這麼懂車。

運將是個很稚嫩的年輕人，我猜也許不到二十五歲，叫他一聲大哥實在有些彆扭，原本要尊稱的，反而變成尷尬，於是上車後很直覺的問：

「哈囉，你看起來超年輕，大學剛畢業嗎？」

年輕小哥客氣說著：

「哈，我還在念書，大學還沒念完，想說趁假日就出來開車賺點學費，之前寒暑假都有出來開車。」

這位年輕運將講話斯斯文文的，音量偏小。

我心想這孩子眞不簡單，可能是家境不太好，但坐的這台車似乎又是新車，如果手頭眞的很緊，應該會買二手車，有點年份的那種才是。

我繼續問運將小哥：

「你讀什麼科系的呀？」

小哥說：

「我讀藝術，學畫畫的。我很喜歡畫畫，但基本學科就整個不行。」

當時他有說是哪間學校，現在實在記不得了。

我笑著說：

「那你眞的很厲害，平常應該要花很多時間練習跟找靈感吧！還跑出來開車，這樣畫畫時間不就變少了嗎？」

運將小哥說：

「我覺得我爸已經花太多錢在我身上，所以學費我怎樣都想要自己賺。

雖然他們也沒說什麼，可是之後我可能還要去北歐遊學，實在覺得對他們很抱歉。」

「北歐？哪個城市呀？」

順口就問一下，這時心中也大概猜測，小哥家裡應該是不差的，要不然怎麼能讓他出國學畫畫。

「赫爾辛基，在芬蘭。之前有申請到，原本也準備要過去了，結果因為疫情的關係，學校說都改為遠距上課，我覺得這樣去北歐就失去意義了。花了大把學費，然後在家一年，這太怪了。所以就決定延後，想說之後再去，還是先留在台灣。」

小哥默默說著這些事，也許有些惋惜。

「沒關係，反正你之後還是會過去。去北歐一定要花很多錢，你家環境這麼好，還這麼努力出來開車賺錢，我覺得，時間會不會放在畫畫上更重要呀？」

感覺時間的運用上，這位小哥很有心，可是先後順序放得不太對。

「這台車是我爸買給我的，因為畫框很大，騎車沒辦法載，搭公車也不方便，所以乾脆買台車來開。但放假時間又覺得這車放著很浪費，所以就出來跑車，也當作透透氣。平常上課時就不會來跑 Uber 啦！」

小哥說明爲什麼買這台車，而且平日還是有認真學畫的。

「像你這樣學藝術，台灣這邊的教育體制，畢竟求學過程還是很看重國、英、數這些基本學科，那是不是會很吃力、很不便？」

難得遇到一個年輕藝術家，想說問問他的想法。

運將小哥略爲思考了一下，又輕聲細語的說：

「其實國、英、數還是有用的。像是英文，出國念書前還是要有點基礎，最近我也正在努力學芬蘭語。至於數學，學畫畫會運用到一些角度、調色的比例等等，總之以前數學零分果然還是不太行。」

小哥講了一些繪畫的專有名詞，就眞的聽不太懂了。不過大概也懂他的意思，就是以前這基礎學科不想面對，現在也還是要運用到一些。

「你是獨生子嗎？感覺你爸對你很好，要是我那個年代，小時候如果跟我爸媽說要學畫畫，一定會被罵說找不到工作怎麼辦？哈！」

在台灣相信不少爸媽也會有一樣的想法，這也沒什麼對錯，就是環境使然，加上這類工作在台灣的確比較少。

小哥繼續語調平緩的說著：

「我還有兩個姊姊，都結婚了。姊姊比較愛花錢，她們都找那種看起來比較浮華的男朋友，後來也都結婚了，但我沒很喜歡那姊夫。我爸是租借怪手給人家的，平常看他早出晚歸，捨不得找師傅來維修保養器材，想說省錢就都自己來。早上七點工作到晚上十點，我覺得我爸這樣眞的很辛苦，年紀也越來越大，才想說要分擔一點他的壓力。畫畫這事情他很支持我，沒說什麼。我的興趣就是畫畫，對其他事情沒什麼興趣。」

「你沒交女朋友嗎？年輕人大學時期應該多少會談一場戀愛吧！」

「沒有，沒談過戀愛，也沒興趣，覺得一個人這樣很好。」

小哥這麼說著。

「其實家裡可以這樣挺你，多少還是因爲家裡環境還不錯的關係，要不然大多數年輕人不太可能堅持走這條路。聽起來你爸是第一代老闆，才會這麼拚，上了年紀還是很辛苦，很不捨公司。你眞的滿幸福的，我覺得要好好珍惜。」

小哥這時才比較有語調起伏的反應，他說：

「沒有吧！我家只是小康，很普通的家庭，稱不上有錢。」

不得不說，這就是我們台灣人的美德，很客氣，很謙虛，不造成別人的壓力。

我連忙補充說著：

「也許你覺得這在台北只是普通，這說得倒也沒錯。但我是外地來台北打拚的，感受就很明顯，一般家庭傾全力都不一定能栽培一個藝術家孩子，不管是學音樂、繪畫、舞蹈等等，大多數家庭還是寄望孩子以就業爲導向。你剛也說到姊姊的一些消費習慣，聽起來你爸如果沒有一點本事的話，不太可能撐起你們全家，這太難了。」

小哥談話中有提到姊姊愛亂買名牌包，以及跟姊夫結婚後還是很愛玩之類，生了小孩才稍微安定下來。

小哥問說：

「我們家這樣就算好了嗎？我一直以爲滿普通的，我有些同學家裡都很誇張。」

我苦笑著說：

「這世界太大了，不是每個人都能順利追求自己的夢想，更多人是被迫與生活現實妥協。這不是任何人的錯，也不是政府或學校老師的錯，我們一生本來就有很多運氣的成分。其實你有幫家裡的這份心意，我覺得很好，但你更應該精進作畫實力，更上一層樓，這樣才對得起自己跟爸媽。」

最後快到家了，我們互道晚安，下車前也祝福他未來去北歐要加油：

「加油！同學，你可以的，去北歐要猛一點，電爆他們。」

我故作年輕樣，小哥也靦腆笑了一下。

作爲這趟車程的結尾，覺得心情很愉快。

才二十出頭，大學都還沒畢業，希望以後也是個台灣之光。

有一定的財務基礎前提下，
很多夢想才有辦法挑戰。

有時候，上一代的努力只是犧牲打，
為的是讓下一代可以築夢、圓夢。

值不值得就見人見智，但至少有了選擇。

畢大想跟你分享的是——

追逐夢想是很好的事，但不是每個人都有辦法盡情去追求自己的夢想。

珍惜現有的一切資源，做好最佳配置，這就是一種理財的概念。

並非要很有錢才需要理財，而且家庭理財也不只是為了自己退休而已，還能讓整個家庭與後代增加無限的可能性。

2 從台中到台北打拚，一肩扛起兩代人的銀行襄理

這幾天台北連續下雨，簡直快要發霉。

昨晚搭了一台Uber，是個年輕運將，還滿親切的。

上車後，雨傘收拾整理好，我就直接聊著：

「大哥最近有受疫情影響嗎？生意有沒有掉很多？」

「有啊！影響超大，原本一個禮拜可以賺一萬二，現在差不多剩七千。

還好我是兼職，要不然真的會完蛋。」

年輕的運將大哥這麼說。

我接著問他：

「兼職？請問您白天是做哪個領域的呀？」

運將大哥不疾不徐的說：

「我在銀行上班。」

聽了之後，我先哇了一聲，接著客氣的說著：

「銀行薪水應該還可以吧！晚上還要兼差跑車？您也太拚了，今年幾歲啊？」

年輕的運將大哥笑著說：

「我今年三十一歲，因爲剛買了台中的房子，要繳貸款啊，拚了命也要賺錢。」

我有點疑惑的問著：

「您不是在台北上班嗎？怎麼會買台中的房子？」

「不是啦！我是買給爸媽住的。我們跟房東租了二十幾年，房東很老了，想說便宜賣我們，至少在還有意識處理財產的時候賣一賣。雖然是沒電梯的老公寓，但怎麼說也是我們住這麼久的家，二十幾坪快三十坪。既然老房東對我們這麼好，那我不買實在說不過去。」

運將大哥雖然三十一歲而已，講話卻帶有一些成熟。

我好奇問著：

「冒昧請教一下，台中房子您買多少？」

「不到四百萬，附近行情大約是六百多萬，我都查過了。」

運將大哥很爽快的回答。

「不到四百萬？就算是無電梯公寓，台中房子有這麼便宜？還是地點在以前的台中縣？」

具體成交數字就不寫上了，以免當事人被認出。

「跟你說，我們房子是台中市區，不是以前的台中縣，而且已經漲很多了，要不然我們老家那邊，以前一坪十二萬還十三萬而已。新房子更貴。」

運將大哥仔細解說台中的行情給我聽。

「其實新房子貴也跟缺料、缺工有關，畢竟這兩年全球原物料上漲很多，這也是一個很大的關鍵。」

我職業病發作，開始聊起金融市場。

運將大哥說：

「你說新房子缺料、缺工我能理解，但我們老家附近一堆老舊房子，漲個屁喔！哪來的料跟工？這真的讓我想不通。」

「大哥，不是這樣的，您想想看，台中的新房子您跟我都買不起的情況下，是不是就要去追買老舊房子？這是市場的供需法則，跟缺料、缺工沒直接影響，但有間接影響，不是嗎？就像您說的那樣，如果不是老房東便宜賣給您，您可能要花到六百多萬才能買到這間老公寓。」

不小心又聊了一段供需法則。

運將大哥嘆了口氣說：

「是啦，你講的也是有道理，我們的確只能去搶買老房子，房價自然就上去了。」

「那您在銀行是做存匯的嗎？」

我其實就是問是否是櫃檯人員。

「沒，我做放款的。」

原來大哥本身就是做房貸的。

他很努力賺錢，除了幫家人買了便宜的台中老公寓之外，也希望兩年內可以在新北新莊買一個自己的窩。

說眞的，我很佩服這位年輕人的衝勁，從外地到台北工作的北漂族，然後上一代連房子都沒有，也是靠他一肩扛起，沒有怨言，還感激房東便宜賣他房子。明明在銀行上班，收入也算是白領的薪水，下班後卻馬上兼差跑計程車賺錢。

「這樣一個月下來，雖然沒什麼生活品質，不過您應該也賺了快十萬有吧！」

我笑笑虧著這位年輕的運將司機。

他大笑說：

「大哥你眞幽默，這在台北應該不算什麼吧！我前幾天才放款給一對夫妻，六十四年次，一個人借了一億，兩個人就跟我們銀行借了兩億。更別說一堆拿現金買房的人，能隨時調動千萬以上資金的台灣人實在太多了。」

運將大哥在銀行上班，每天看的人也多了。

我淺淺笑著，也不知道該說什麼。

下車時想跟他拿一張名片，他說放後車廂請等一下。

我站在車子旁邊等著，一旁的路燈比較亮，才看清楚他仍是一身上班族的裝扮，白襯衫、西裝褲、皮鞋，沒有半點虛假。

這麼年輕就懂得在台北拚搏，照顧台中的家人，名片上掛的頭銜也是個小主管，我跟他說聲加油，以後有機會肯定去找他做業績。

臨走前我跟運將大哥說：

「您一定可以完成在新莊買房的理想，祝心想事成。」

忽略網路上的雜訊，

一心一意往前走，

沒人能擋住我們追求更上層樓的那個決心。

運將大哥說的一段話，讓我很有感觸：

「生活品質是什麼？那是有錢人在談的東西，我只想生存。」

這是下雨夜裡遇到的一個年輕司機的故事。

盡可能體會別人的生活，也能豐富我們的人生。

畢大想跟你分享的是——

放手追逐夢想，常見的是前人已經幫我們打下一定的基礎，才有辦法去追。

一個身無分文的人要談夢想，往往容易變成空談。

這位運將大哥先幫上一代買好遮風避雨的自住宅後，接著要打拚屬於自己在新北的一間自住宅。

這位來自台中年輕人很務實、很樸實，卻也很接地氣。

相信未來他如果結婚生子，孩子一定也會感謝他這一代的犧牲與付出。

3 趁年輕累積專業，讓自己有能力撐起一個家

下午要到市區，出門時突然的大雨，計程車頓時熱門了起來，稍微等比較久。

今天這位司機看起來滿年輕的，講話很開朗，笑聲也很放得開，就年輕人的樣子。

依照往例，我就那兩句話開場：

「大哥現在 Uber 好開嗎？你跑幾年了？」

知道他比我年紀小，不過還是尊稱大哥。

運將小哥說：

「你說現在喔？少了觀光客，生意差很多。我跑三年了，只能餬口飯，

走一步算一步。」

我接著問：

「你之前做哪一行的啊？看你很年輕，感覺才剛滿三十歲不久。」

運將小哥哈哈笑著說：

「我三十一歲，已經當爸爸了。之前先是做美髮的，做設計師，可是台灣沒重視這行業，收入上不來，後來就轉做汽車業務。可是現在資訊太透明了，賣車的利潤眞的很薄，我們拿到的成本就那樣，客人都很會比價。反正當了爸，只能趕快到處賺錢就對了。」

我也笑著回：

「這年頭三十一歲就當爸，應該算少數分子，男生都想多玩幾年再說。你小孩多大了呀？」

運將小哥開車滿穩的，準備上市民高架。

他一邊轉頭跟我竊笑著說：

「我跟我老婆是先大肚子才結婚的啦！先有後婚，老大是男生，現在才五個月，小的又快冒出芽了，哇哈哈哈！還沒三個月，現在不能講，性別還不知道。」

我視線從窗外的雨景轉回到運將小哥身上，用佩服的語氣說：

「年輕人太猛了吧，老大才五個月，現在老婆又懷孕了，恭喜恭喜！你這老爸要更努力賺錢才行。」

「我精蟲太會鑽了，可能是這樣，哈哈！」

小哥自顧自的 High 了起來，看起來心情挺不錯。

後來也聊到長輩跟他說兩個孩子年齡很近的話，雖然很累，但就是一次累完，如果年紀差比較多，就分開累。他是既緊張，又感到挑戰十足。

「你住哪邊？有長輩幫忙帶嗎？」

我繼續問著。

「我住新北，就新店那邊。我爸也六十幾歲了，偶爾可以幫我擋一下，大部分都是我老婆帶去髮廊，一邊工作賺錢，一邊顧小孩。同事人都不錯，願意幫忙顧一下。」

運將小哥跟我分享著他的家庭生活。

我納悶問：

「你太太可以把孩子帶去公司？這老闆也太好了吧？而且顧寶寶又不是每個同事都有辦法。」

「唉唷，那邊也不是什麼大間的髮廊，加上老婆算店內業績好的，如果不能帶孩子去，那班也沒辦法上了，這樣對大家都不好啊。不過好在同事人都不錯，可以體諒。我們那邊跟你們台北不一樣啦！人情味比較濃。」

小哥一股腦的說明狀況。

「講得好像台北跟新北差很多，你也挺幽默的。」

雖然我也知道台北確實比較沒人情味，這倒也沒錯。

「你爸媽或者太太的爸媽，如果可以幫忙帶小孩，其實就差很多了，至少也不用帶著剛出生的寶寶去髮廊上班。」

我繼續問著。畢竟孩子這麼小，為寶寶感到有點不捨。

運將小哥說：

「我爸媽很早就離婚了，只有我爸勉強可以幫忙帶。我太太那邊也是爸媽離婚，媽媽很早就不見了，她爸眼睛不好，自己都顧不好了，寶寶不敢給他帶。」

說到這段時，小哥語氣滿平常的。

小時候爸媽也會跟我們說，社會上其實有很多父母離異的案例，但當時無法體會，還以爲人人都是在完整家庭長大的，直到成長過程中認識了許多朋友，才發現確實是這樣。

這類孩子往往會更早熟些，因爲也會更早出社會。

但出身單親家庭，不見得就會學壞，這還是因人而異的。

不過生活往往比較辛苦，畢竟父母任何一人要獨自扛起一個家庭，都不是簡單事。

運將小哥後來問我有關兩個孩子的生活開銷。

我也跟他說要加油，趁年輕多拚一些專業技能，因爲扛一個家不簡單，雙北的開銷要壓低，也低不到哪裡去。

爲什麼大多數四十多歲、五十多歲的中年人收入會不錯，原因就是**年輕時做了「累積」的功夫。**

要去做能夠累積的工作，
把自己的品牌做好，
不管是髮型設計師也好、汽車銷售業務也罷，
都不能忽視跟客戶之間的關係。

為什麼有些設計師可以收費上千，有些卻是三百？這些都有學問。保險業務也是一樣。

我還舉了例子，一些金融業的高級業務是怎麼養成的。

想說這個年輕人才三十出頭就二寶爸，能多給一些意見分享總是好的。

金融業的高級業務之所以能賺這麼多錢，像銀行理專、保險員，優秀的跟普通的差距十萬八千里。

最關鍵的，除了專業知識之外，還有**永遠能夠為客戶想到下一步**。

簡單來說，讓客戶覺得安心、覺得爽，生意自然會一個接一個，根本做不完。

做人比做事還要重要一些。

講了這些給小哥聽，希望對他有幫助。

至於未來他能不能在他的領域發光發熱，這不是我能決定的，但至少該說都說了。

很快就到達目的地，運將小哥還想繼續多聊幾句，但真的沒辦法，只跟他說：

「祝你育兒順利，好好加油，都當爸了，責任心要更強，趁年輕多賺點錢，記得啊！沒錢，小孩會餓、會哭，他只有你，沒有人會照顧你的孩子。」

年輕的運將小哥會心一笑，跟我揮手說再見。

下車後想著，這社會上還是很多白手起家的年輕人，或許原生家庭環境不佳，但我們像路邊的小草一樣，還是很努力的求生存。

也許社會上有很多單親家庭長大的孩子，有些走偏路，但也有很多繼續打拚著。

沒有雙親的財務安全庇蔭，跟同齡的人競爭，自然又更辛苦些。

但社會就是多元的，不可能每個人出生都是含著金湯匙、銀湯匙。

多數人一開始拿到的牌就是不好的，

或者是非常不好的，

端看抗壓性，

能不能把這副牌打到變小贏，

或者打平就好。

這不是什麼偉大的創業故事，卻是了不起的小人物打拚日常。

祝這位運將小哥能當一個稱職的老爸。

畢大想跟你分享的是——

總會有很多心靈雞湯的文章告訴我們，有夢想就去追，追了就會實現。

但現實中，我們常常工作就是為了三餐而奮鬥，假如有孩子，那更彷彿是口袋破洞。

假如一開始拿到的牌已經很不好了，若是放棄打拚，年輕時或許看起來生活還行，但到了中年之後，往往會發現，失業、錢不夠用、孤獨等等的副作用就接踵而來，那才是最可怕的。

4 年輕夫妻首購就是新房，背後往往有原生家庭援助

春節假期最後一天，早早把兩寶趕上床睡覺，明天就要正常上課。下午還刻意不讓他們睡午覺，要玩就玩徹底，果然，到了晚上八點兩寶就已經體力透支。尤其是小寶，簡直是倒頭就睡。

這幾天也搭了幾趟計程車，不過有對話的倒是不多，直到今晚搭了一台 Uber，才有點故事分享給讀者。

這台 Toyota 小休旅來了之後，我先禮貌性問好，開頭大概都是老樣子：

「大哥新年快樂。今天台北會很塞嗎？」

這位運將大哥戴著眼鏡，理著小平頭，聽講話聲音應該是中年，我猜

四十幾歲。不過晚上視線較差，沒看到正面模樣。

「不會塞啊，可能大家都提早回家休息了吧！畢竟放了那麼多天假，明天要上班上課，我猜應該有不少人都是前兩天就分批返回台北。」

大哥聲音聽起來滿爽朗的。

我繼續問著：

「大哥過年都沒休息呀？」

運將大哥是這麼回答：

「沒耶，除了年初一有休息，其他每天都在跑車，畢竟我們又沒年終獎金，哈哈！」

「請問大哥以前是做哪個行業？」

我問著。

「你說我喔，我以前是光電業工程師，有去對岸一陣子，當時有轉去一家日商，然後又回來。現在就全職跑車了。」

大哥也滿直接的這麼說。

「光電業工程師做好好的，應該不賴吧！看新聞說去年竹科不是都賺滿多的嗎？」

我也隨口舉了幾家上市櫃光電業公司，問問以前是否就在這些類型的地方上班。

運將大哥笑著說：

「我們跟你說的竹科賺很大的那些不同，ＩＣ設計的工程師又不同等級了，他們領的當然比我們多很多。我當這個工程師還買不起房哩！後來買在新莊，還是家人幫忙才有辦法。」

原來運將大哥六十六年次，跟金融業的妻子剛結婚沒多久，現在妻子肚子裡有個寶寶，準備今年要生個虎兒子。

詢問爲什麼挑新莊成家，也是因爲太太娘家本來就在那，有地緣性，而自己是住在台北市區，想說配合太太，就買在那邊。

「一坪四十一萬，三十幾坪，扣完公設大約二十坪，另外加一個車位。」

大哥自顧自的說了起來。

我聽了大略計算一下：

「這樣應該就是兩房，一千三百多萬嗎？」

「不止，快要一千五百萬，頭期款還要四百萬。」

運將大哥說新莊那邊新房子就是這樣，也不敢奢望買三房。

不過我心想，新婚夫妻想要買新房子住，那標準也是很高，要不然也可以先買舊的電梯社區，應該就不需要這麼貴。

眼光這麼高的情況，很可能雙方的原生家庭就不差，可以伸出援手，不然這年頭一出手就要買全新房子的，應該很少才對。

聽到運將大哥本來就住台北市，我笑笑直說：

「大哥你很好命了，家裡上一代住台北市的，不會差到哪去的！」

運將大哥也大笑著，直接坦白說，房子頭期款是家人幫忙出的，他非常感恩，如果是北漂族，又沒家人幫忙，那眞的要非常非常辛苦。

大哥也說了，好在太太在銀行上班，夫妻雙薪家庭才能扛一個月四萬左右的房貸，一個人就眞的吃力了，很可怕。

太太原本在民營銀行，可是壓力實在太大，這樣也影響生育，索性去考公營的銀行，收入或許少了一點，可是穩定多了。

而且太太離開了民營銀行後，才不到半年就順利懷孕了。眞的很爲他們開心，也許眞的是因爲壓力，也可能只是機率碰巧，誰也說不準。

我也相當認同，假如夫妻兩人已經有了共同目標，那這就是很正確的抉擇，畢竟金融業的業績壓力是非常沉重的。

大多數人看新聞媒體報導各產業年終獎金有幾個月，每年前三名總有金融業，只是，這背後也有極高的離職率不爲人知。伴隨著月月歸零的業績，眞的會非常痛苦。

運將大哥還補充說：

「我太太還要常常被客人罵。主管如果不挺的話，那眞的是欲哭無淚。」金融業本來就如此，因爲主管也不想得罪客戶，讓火燒到部屬這邊就好。這是常見的職場生態之一，也難怪各行各業的底層都很心酸。上層的人總被說是推卸責任，不過他們要扛的壓力也更大。

天下沒白吃的午餐，我們不要永遠都在羨慕別人就好。

很快到家了，也祝福他順利當個新手爸爸。

畢竟中年四十五歲才要開始學習當爸，體力上難免會吃力些。

雖然大哥說他們只打算生一胎，不過這種事也很難講。早上才搭一台計程車，那司機大哥說他兩個孩子差了八歲，老大高一，小的小一。

人生有時就是這麼難預料，也因爲這樣，才讓我們有無限的可能，有很多探索的樂趣。

畢大想跟你分享的是——

很多年輕人會看著都市裡的新大樓，想著何年何月才能買到？其實，那都是人家上一代或上兩代的累積。我們不用過度羨慕，更不要好高鶩遠。

這年頭，三十多歲可以完全靠自己買台北新房子的終究是少數。即便是新北的新房子都不便宜。

受薪階級要籌出頭期款實屬不易，既然如此，我們就是兩種選擇，要不就是往外圍移動，要不就是在市區先住中古舊房，公設比也會比較低，比較符合一個家庭的所需空間。

5 替人作保，就是連孩子的未來都賭進去

每個月搭計程車三、四十趟，不管過得好或壞的運將們，多少都可以給我們一點啓發。

差不多十趟車程中，會有一趟值得寫給讀者閱讀，另外有兩趟界於可寫可不寫，剩下的就眞的比較沒這麼多故事可寫的了。

有時遇到的是賺錢又樂在工作的小黃司機，但今天的 Uber 大哥就不怎麼幸運了。

下午搭車去市區，這位運將大哥看起來白髮蒼蒼，約莫六十歲，我是這麼猜的。

後來一問，才知道是五十五年次，今年差不多五十六歲。外表年齡比實際年齡要大，臉色凝重了些。

我們聊到了勞保會不會破產的問題。

運將大哥全程用流利的台語說著：

「我看電視新聞，很多都說我們國庫快要不行，勞保會不會破產啊？」

我笑著說：

「應該是不會，我看到的是國庫這兩年是滿飽的，因爲現在景氣很好，竹科那些菁英很厲害。況且，大哥您想想，未來二十年後的人生，每個月領一萬多或兩萬多，其實退休也不能只靠這筆錢，金額太小了，要除以二才行，因爲錢會變薄。」

我這麼跟他說。

運將大哥若有所思的說：

「我正在想之後是不是要一次領出來，以免大半輩子繳的錢都沒了，那怎麼辦？」

「似乎不少人都是這麼想的。其實，領出來存郵局，不也是沒錢嗎？」

我是這麼說的，但沒跟他說的是，當年我父親就是這樣的想法，現在非常後悔。

因爲一次領出來的錢眞的無法養老，太天眞了。寧願選擇月退，領個幾年就回本，還可以不斷領到臨終那天，這是一個穩定的現金流。

我們又繼續聊爲什麼勞保不太可能破產的原因，前因後果講了一陣子，我想這是運將大哥最需要知道的。

後來問到有幾個孩子，都多大了。

運將大哥說：

「三個孩子，一個兒子還在念碩士，兩個女兒則出社會工作了。」

不過，大哥這麼說的時候並沒有任何喜悅或輕鬆的感覺。

才知道原來這位五十六歲的大哥，白天開計程車，晚上還要開垃圾車繼續賺。

因爲替小舅子（老婆的弟弟）作保，背上了三百萬的債務。

大哥感慨的說：

「舅子人就這樣不見了。當初地下錢莊壓他來我家，覺得大家畢竟是親人，就幫他作保，哪知道他還一還人就跑了，變成我在還債，要不然我現在也是輕鬆過日子。我跟兒子、女兒說，這輩子絕對不能替任何人作保，不管是父母或者兄弟姊妹都一樣，這眞的害死我了。」

運將大哥略顯激動，不過可以理解這份苦悶。

「當時您作保，是因爲太太給您壓力嗎？要您簽字？」

我想到了親情勒索，會不會是因爲太太爲了要救弟弟，才要求先生淌這渾水。

「沒有，我太太家庭主婦，沒說什麼，就我自己覺得一家人，他都被錢莊的人押來了，一時心軟，眞的沒料到他就這樣跑了，現在我該怎麼辦？」

運將大哥爲什麼看起來這麼蒼老，大概也理解了。

三個孩子有一個仍在念碩士，很明顯，這個父親沒辦法提供任何援助，三個孩子是注定要白手起家，跟這個社會搏鬥了。

我安慰著他，畢竟三百萬還勉強還得起，一定要撐住，說不定六十五歲後有機會可以退休。

雖然我心裡也清楚，對一般家庭來說，三百萬已足以毀滅一個人的退休生活。

現在運將大哥拚了命賺錢，沒日沒夜的想要快點還清債務。或許當初看著小舅子被人押走就好，自己也能過著清閒的退休生活。

很多人不是因爲股票、基金沒做好，導致不能退休，還有很多複雜的家庭因素，才是無法在六十歲前退休的主因。

永遠要記住，不要隨便去當別人的擔保人。

五十五年次的運將大哥還抱怨其實當年買房也很辛苦，房價漲很快。我說現在的年輕人才應該說這樣的話，不是嗎？以前不是都說經濟起飛嗎？

運將大哥說他退伍後沒多久，那波榮景就結束了，賺錢很難，買房哪這麼簡單。

聽得出來這位大哥是老實人，可惜以前沒賺到，最後也沒能順利守住一些老本，現在只能努力償還小舅子留的那些債了。

下車前跟他說了幾句鼓勵的話，希望我們都能更好，繼續打拚一定可以撐過去的。

他微微笑了一下說：

「會啦！還一些了，看剩下的能不能十年內還完。」

畢大想跟你分享的是——

講到家庭理財，大家往往想到就是如何利用股票、基金來賺錢。

其實，現在五十歲以上的中年人，生活還過得很困窘的，其中一個常見案例，就是替親友作保。

千萬要記住，即便是手足都不行，更遑論朋友。

我們可以借他一點錢，沒還就當作送他一份禮物，但絕對不要傻傻的當保人。

因為這關係到自己的下一代能否安穩長大。

6 態度決定高度，你想留給孩子的是抱怨還是資產？

前陣子搭到一台計程車，那位運將大哥有滿腹怨言，也讓我那趟行程沒多說什麼話。

大致上也就是你們所想得到的那樣，怨天怨地怨社會。

如果是二十幾歲或三十幾歲的人，那還可以理解。就像十幾歲的時候，我們也會覺得課業壓力很大，只想玩樂，如果能夠每天到處玩的話多好。

但如果都到了五十幾歲的年紀，還這麼看不開，那眞是找罪受，也不會快樂。

運將大哥提到他女兒即將大學畢業，兒子才剛上大學，之後大學畢業，收入了不起也就三萬塊，能幹嘛？怎麼買房？怎麼住台北？

這位運將大哥住台北，從大直搬到內湖。早期買房比較便宜，而且內湖畢竟算台北的蛋白區，內科園區尚未規畫起來之前，對台北人來說，這裡就是郊區，房價相對來講是低的。

我笑著安慰幾句：

「您要相信您女兒呀！爲什麼大學畢業就一定只有三萬塊？很多人也是四、五萬，都有可能。做個幾年，收入到多高，就看個人本事了。」

「XX破政府！如果基本薪資調高到四萬就好了，就不會搞成這樣。讀到大學，還不如我開計程車賺得多。」

運將大哥持續宣洩著不滿。

「大哥，其實從以前到現在，基本薪資一直都有上升，但您有覺得現在生活比較好過嗎？這是沒有意義的，假如眞的像您說的那樣，調高到四萬，人人都有四萬以上的情況，物價也會跟著上去，大家都想住的地方會更貴，熱門的餐廳也會漲價，都是一樣的道理。」

我試著想要讓運將大哥了解這個經濟狀況，也許這已經是我的職業病，一不小心就會發作。

不過，看來運將大哥不爲所動。

「你知道嗎？我開計程車一個月至少也有四、五萬。等我小兒子畢業，最快也要四年。不過女兒去工作後，我就能稍微喘口氣。但一想到以後他們要買房，如果還要幫他們出點頭期款，想到就不敢休息。X，這一代沒爸媽幫忙，沒可能出頭啦！」

運將大哥全程台語，口氣相當道地，尤其是一連串髒話連珠砲的時候，車內餘音繞梁，到現在我都還有印象。

我盡可能聽完運將大哥抱怨，並且試圖帶開話題：

「咦，大哥您怎麼沒想要加入車隊，像是台灣大車隊，或者是 Uber 那些平台有的沒的，我聽不少司機說，客人會增加不少，不用在馬路上繞來繞去，比較有效率。」

運將大哥用一種胸有成竹的口吻說：

「我跟你講，加入那些都是騙人的啦！賺不到什麼錢。台灣大車隊這麼多司機，最好分得到幾個客人，每個月還要給公司錢，Uber那些還要抽二五%，我頭殼又不是壞掉。路邊繞一繞，有時候就有客人上車了，我才不要給那些公司賺，白痴！」

聽到這些，內心忍不住嘆息了一下。

說實在，搭了無數趟計程車，各種平台的車幾乎都搭過，跟許多司機對話，還滿確定一個月不可能只有四萬多這樣的收入。至少在台北是這樣，其他縣市就不敢說了。

正因爲是辛苦錢，沒有公司的保障，所以一切都是用體力、用時間去換來的。

假如像這位大哥說的那樣，每個月休息兩天，每天十二小時，都這麼拚的話，那賺四萬多眞的是不多。

但他一年又一年用一樣的想法跟做法，卻期盼著能夠賺大錢，會有不一樣的結果出現，這才是最可怕的事情。

爲什麼不願意嘗試？

除了有生命危險的事情不能嘗試外，其餘的事情應該抱持開放的心胸，去找尋無限的可能性才對。

不過，這樣個性的中年人，大多數思考已經僵化，再講下去也無用，不如看看窗外，一邊聽著流利的幹譙聲，順利抵達目的地就好。

「一個人的態度決定成就的高度。」

這句話確實有幾分道理。

生長在這樣家庭的孩子，如果沒有因爲在學校教育或社會教育的過程中得到啓發，出社會後，很可能就是延續著這股怨氣。不只是讓自己難過，也讓有機會幫助自己的貴人離開。

很遺憾的是，許多父母並沒有這樣的自覺，甚至只想要孩子趕緊畢業，畢業後就可以給家用。

而這樣的態度，也會在無形中給孩子負面的影響。

畢大想跟你分享的是——

每個人都想要實現夢想，而多數的夢想都要燒錢。不管是當音樂家、藝術家、出國留學等等，這些事情往往又仰賴著上一代的奧援。

為什麼整個社會的財富明明往上增加了，卻還是覺得自己並沒有過上很好的生活？原因很簡單，因為人的欲望無窮，不斷又不斷的想要享有更好的生活品質。

這無可厚非。但請記住，八二法則是不變的道理。社會上只有那二〇%的人會過上最舒服的生活。

孩子的未來，除了爸媽灌輸正確的理財知識之外，資產奧援也是最直接的。

有孩子的讀者，請嚴以律己，務必做個好榜樣。

7 期望擺脫父親家暴陰霾的傑出業務

這不是計程車運將的故事，卻很值得我寫進來這本書中。

那天跟太座去找適合孩子的書桌。小孩會長大，原本的迷你小桌椅已經不怎麼合適，容易姿勢不正、彎腰駝背等等。

我們逛到一家店，業務員是個年輕人，戴著口罩依舊明顯感覺到他的熱情。

年輕人瘦瘦的，頭髮有挑染一點黃色，戴著酷炫耳環的一個男生。

目測應該三十歲，甚至不到。

其實太座原本是打算找一天到萬華那邊，一家網路上查到的店挑選，所以我們當下的心情也只是隨意走走、逛逛，沒有一定要買到商品。

這位業務十分熱情的介紹他們家的產品，口條相當流暢，不管是尺寸、特色，都介紹得滿好的。

他說自己是從另一家外商過來的，因為認同這家的材質與工法、無甲醛的木板等等特色才過來。

銷售過程沒壓迫感，有別於一些年輕的業務，可能急著要銷售業績，給人壓迫感就會比較大，客人自然就離開了。

我好奇問這位年輕業務，這次沒加尊稱，因為對方看起來實在比我年輕太多：

「你有三十歲嗎？看起來真的很年輕，而且介紹得十分詳細，我好久沒遇到這樣的人。」

年輕人大笑說：

「我還沒三十，今年二十四歲。謝謝大哥的誇獎，這我應該做的。」

原本就猜想可能不到三十，不過二十四歲這個答案還是讓我稍微驚訝，或者說「驚豔」比較恰當。

太座在一旁也發出驚嘆，這年輕人不簡單。

我們看了一些孩子的東西，也想再加買一張自己的辦公椅。這類人體工學的椅子對腰椎是比較好的，以前只是隨意拿張椅子就寫作多年，但現在覺得好像不能再這樣下去。

這年輕人一樣繼續介紹著。業務總是要說今天有什麼優惠，賣場優惠、耶誕檔期又可以折多少，幾千折幾百之類，不常購物的我也就只是聽聽而已。

價值跟價格是不一樣的。

一個極好的商品，如果使用年限也長，就不會太在意價格，前提是自己負擔得起的話。

一個普通的商品，如果使用年限還可以，價格也還行，我們依舊可以用CP值的觀念去購買。

一個不佳或者根本用不太到的商品，就算很便宜，我們買了要做什麼？這個就連買都不要買，荷包自然不易破洞。

講了約半小時，確定了孩子要的桌椅，以及自己要的一些商品。

我一邊拿出信用卡，繼續跟這位年輕人聊著：

「你應該是 Top Sales，我有猜對嗎？」

這位年輕人很有自信又帶點客氣的說：

「是的，我算是被挖過來的，業績北區第一名。不過做生意還是要有點運氣，就像前陣子疫情都沒人，那也沒辦法，除了慘淡，也只能接受。」

「你哪裡人，台北嗎？好像有點對岸的口音跟用字。」

我們三個索性就坐在店內椅子上聊著。

「小時候父母離異，我是單親家庭長大。我爸台北人，我媽江蘇人。我爸以前是台商，後來生意垮了，父親有一些壞習慣，嗯……直接講也沒差，就是酗酒，還會家暴。所以我跟我媽一起回家鄉。我就在中國讀書，在對岸完成了學業，才會有口音。這幾年我覺得台北這邊還是有許多元素，我隻身一人回台灣，在台北租房子，之後要再回中國創業。」

他樂觀的眼神完全沒感覺到一絲氣餒，也不在乎單親家庭的背景。跟著母親在中國這麼多年，如今重回台北找尋所需的創業元素。

我納悶問：

「不過，中國那邊北上廣深（指北京、上海、廣州、深圳），各大城市高手一堆，上海怎樣都不可能輸台北吧？台北有什麼厲害的元素值得你跑回來？還有就是，許多人總說中國那邊人才遠勝台灣，想說問問你的看法，畢竟你一定比較懂。」

他繼續認眞說：

「其實不是這樣。對岸人口多，基數大的情況，本來人才就會比較多，但問題是，廢物也很多，只是你沒遇到而已。我不擅長讀書，在中國我也是半工半讀，看過非常非常多蠢蛋，所以這眞的是沒一定的事情。」

我們後來又聊了一段時間，許多談話內容都不像是一個二十四歲的年輕人會說的，相當成熟穩重。

他也直接說了，剛回台北時找工作依舊辛苦，沒人要他。後來在銷售這塊找到立足之地，業績很好，店長、經理也都對他很好。

他認爲銷售過程很快樂，很享受爲客人著想的感覺。獎金是眞的不多，但要在台北生活、存一些錢，也還是OK的。

他有一些自媒體的創業計畫，中國那邊也已經有人要投資他。他將來一定要圓夢，賺大錢照顧媽媽。

這位年輕人觀察力確實敏銳，他微笑問著：

「大哥您看起來不像是在上班的人，是做什麼行業的老闆嗎？」

沒跟他表明身分，只說對，確實沒在上班了。

讚賞他有膽識，很少看到這麼年輕卻口條清楚、進退有據的人，而且充滿自信，沒有唉聲嘆氣。

即便未來幾年後就要回中國創設公司，但現在在台北的奮鬥生活，依舊是活得精彩。

跟他要了張名片，他最後說了一段話很有意思：

「謝謝大哥的讚賞，又多了一個相信我的人。未來我一定會做出成績，這網路時代沒什麼不可能。」

有一些事我們中年人也需要跟年輕人學習。

或許經驗上我們比較多，但也需要保持一顆年輕的心，才能夠繼續堅持理念，勇往直前。

畢大想跟你分享的是——

這位年輕業務員資質很不錯，儘管原生家庭破碎，假如當年經商的父親不讓自己搞到這般狼狽的地步，也許這位年輕人會起步更順、更快。

兩岸都有傻子，也都有聰明人，我們要盡可能成為八二法則中的二，也就是前二〇%的人。

常聽人家說一代不如一代，但換個方向思考，也因為這年頭的學習工具變多、理財工具變豐富，有些年輕人表現得也非常卓越。假如將來我的孩子在這個年紀能有相同程度的表現，我會覺得很欣慰。

他是近年來少數讓我印象深刻的年輕小夥子。

CHAPTER 2

【買房篇】

自住資產不只是為自己，也是為下一代買份保險

1 這不是我的人生，而是「我們」的人生

前兩天搭Uber，上車後，老樣子找幾句話跟運將大哥對答：

「週五的傍晚，內科應該已經塞爆，請問大哥您打算走哪條路呀？」

話說內湖的塞車問題，那是出了名的，甚至成爲市長選舉的話題之一。

看起來大約四十多歲、髮量已有些稀疏的運將大哥說：

「嗯，導航要我走大直橋那邊，然後經過美麗華百貨過去。」

「那應該ＯＫ，繞過內科還行。」

我脫了外套，喝口水，看看窗外風景，繼續閒聊著：

「大哥您以前做哪一行的呀？怎麼會想來開計程車？」

運將大哥笑著說：

「我以前是賣車的業務，可是我跟你講，這殺成了紅海，賣車的資訊太透明了，賺不到什麼傭金。加上我是在 Toyota 這種銷量大的公司，在這種大廠獎金就不會高。開計程車的話，時間比較彈性，賺的錢可以餬口就好，沒求什麼了。」

運將大哥笑呵呵的這麼說。

「四十出頭還年輕呀！也許其他行業的業務也試試看。做業務很吃人格特質，如果您想賺大錢，應該還是可以再嘗試看看。」

我一邊滑著手機，還有幾位讀者來信沒回，想著稍晚回到家要怎麼回信幫讀者，也覺得這運將大哥太容易放棄，即便做汽車業務不成功，應該還是能換別的工作挑戰看看。

運將大哥笑哈哈的繼續說著：

「四十幾歲也不年輕了啦！而且我老婆生病，常常要帶她去醫院回診，沒辦法好好工作，最近乳癌細胞才剛控制住，沒有繼續擴散。」

聽到這，我放下了手機，關心問著：

「大哥您這樣很辛苦，有小孩了嗎？您太太這樣應該也沒辦法做太辛苦的工作，可能也只能做輕鬆的，補貼家用就好。」

運將大哥接著說：

「我太太得了罕見疾病，多發性硬化症，眼睛失明，也無法工作。好在是沒小孩，兩個人勉強過生活還可以。」

我愣了一下：

「等等，大哥您說那什麼多發什麼症？失明？所以是後來才發生的事情嗎？」

運將大哥依舊微笑著，語氣輕鬆像是在聊別人的事：

「多發性硬化症，算是罕見疾病的一種，就也不知道爲什麼，她運氣不好，發作在眼部。有些人是四肢，那就是癱瘓，全身各部位都有可能。她有一天突然視力模糊，原本我們也以爲是什麼眼科的毛病，後來一直檢查，才在大醫院確定是罕見疾病。從發病到完全看不到，大概一週多。」

這時我才回過神來，原來運將大哥的太太發生這麼嚴重的遭遇，內心是感到震驚的。

我試著設身處地換位思考，假如是發生在我身上，那怎麼辦？其實心中沒有答案。

運將大哥又繼續說著：

「而且我媽一直罵我，說已經都失明了，幹嘛還要在一起。她氣得半死，覺得這兒子沒腦袋。」

聽到這邊，我就聽不下去了，當婆婆的怎麼可以這樣？媳婦發生這樣的遭遇，突然喪失視力，也不是她的錯，爲什麼要兒子離開妻子？這未免太不通人情！

我忍不住性子直言：

「您媽媽這樣也未免太過分，大哥想要陪著太太，這沒問題呀！難道趁機離婚跑掉嗎？」

運將大哥接下來說的話讓我又一次震驚。

「沒有啦！不是我媽的錯。當時我們還沒結婚，我們還在交往，我很愛她，看她失明其實也很可憐。我媽這樣講也很正常，總是希望兒子不要娶一個失明的女生，我可以理解我媽的痛苦。」

眞的愣住了，車內安靜了幾秒鐘，才回過神問運將大哥：

「大哥您也太有情有義了。那您朋友有說什麼嗎？應該也都是叫您不要娶吧？」

運將大哥大聲笑著：

「拜託，哪有朋友敢講什麼，頂多就是偶爾見面關心幾句，問問太太身體有沒有好點。大家都心裡有數，不會說什麼的啦！我知道，當時我如果分手離去，後果……後果就一定很慘，我不想那樣。」

「我大概懂您意思，您應該是想說她會自殺尋短。」

其實聽到這邊，大概也知道運將大哥有多辛苦，爲什麼咬著牙開計程車，也沒去做別的工作試試看，因爲要保持機動性，這很重要。

「其實爲什麼會得這個病我也不知道，我太太叫我去看《一公升的眼淚》那部戲，就會知道是怎麼一回事。你有聽過吧！」

運將大哥繼續跟我聊起了這部戲。

「有，有聽過，但沒看過。所以她這病是基因遺傳，還是說什麼生活不良習慣，像是抽菸、喝酒之類導致的嗎？」

畢竟我不是醫生，只能順口問了這問題，也許很蠢，不過就是想問問。

運將大哥說：

「她不抽菸、不喝酒，什麼壞習慣都沒有。不過她爸媽都中風，小弟有智能障礙，還好兩個姊姊都嫁得不錯，嫁給做小生意的老闆，比較有能力拿點錢幫助他們。但大哥就不是這樣了，看到爸媽中風就跑掉，不知道去哪，覺得家人是累贅吧！總之，感覺他們家也沒有過很好。」

想說轉換一下氣氛，我笑著說：

「您太太一定很美、很漂亮，才會讓您在當時決定要繼續走下去。而且您說兩個姊姊都嫁給做小生意的老闆，應該也都很漂亮。哈，有猜對嗎？」

運將大哥笑呵呵的說：

「對啊！我覺得我太太滿漂亮的。兩個姊姊哦？確實也是外型不錯，還好嫁得不錯。我有空就帶著我太太跟她行動不便的爸媽四處走走，透透氣。

我這台車的貸款才好不容易繳完哩。」

「這個病會影響壽命嗎？」

這時我們的談話已不再沉重。其實運將大哥一直都很放得開，也許覺得這一切早已命定，沒什麼好糾結了。

運將大哥說：

「會比較短命，醫生是說比我們一般人少一些，不過這也不一定，也許五十幾歲就會死，也可能六十歲。」

聽到這邊也不知道要接什麼話。

車子經過大直，看著外頭的風景，美麗華的摩天輪在夜晚發出光芒，覺得滿好看的。

雖然沒喝半滴酒，卻因爲運將大哥這杯人生苦酒，彷彿讓人有點醉了。

運將大哥說：

「我爸早就走了，我媽總說這兒子怎麼這麼沒出息，連房子都沒有，還要住在家中。我跟她說，以前你們那年代一罐養樂多才多少，現在漲一倍好了，房價可是漲了超過五倍，這怎麼買？哈哈，不過幸好還可以住在家中，至少生活勉強過得去，要不然真不知道怎麼辦。」

講得也真的很有道理，假如上一代沒房子，那現在運將大哥肯定更難過生活。

「大哥您住台北嗎？」

我問。

「對，我住中正區，以前我媽買一百多萬的樣子。老公寓，以後可能就等都更吧！房價漲，其實我們也只是住著，一天過著一天。健康最重要，其他都不奢望了。」

運將大哥繼續笑笑說著。

很快就到家了，我只能祝他未來一切順利。他太太的失明也許不會康復了，講早日康復也只是多餘。

也許這是一份豁達，人生總有很多莫名其妙的事。

回到家，我問太座這題：

「如果婚前我失明了，妳還跟我結婚嗎？」

太座回答不出來，我也沒再追問下去。

這題太難了，放在心中就好。

大家都是成熟的大人，有些考題本來就不會有答案。

一般人婚後發生這種事，會選擇扛下來。但如果是婚前，那真的就很難說了。

這位運將大哥事業上沒什麼成果，也幸好上一代還有間都會區房子可以依靠，讓他可以專心照顧妻子，常常跑醫院看病。

一個外型不甚出眾的司機，其實是個專情的漢子。他的太太應該也會很愛、很愛他。

運將大哥已經結婚五、六年了，希望他們能繼續攜手好好度過每個春夏秋冬。

也許是快樂度過，也可能是辛苦撐過。

不管怎麼說，人生就是不斷在解題。

我們都在學習，也都在領悟些什麼。

社會小人物的日常，背後總有不平常的感動。

這應該是愛情，也許又更像是一種親情。

補充：電視劇《一公升的眼淚》主角罹患的是脊髓小腦萎縮症，運將大哥應該是誤認為同一種病症。

畢大想跟你分享的是——

資產除了用來賺錢之外，也必須能在家庭發生變故的時候，順利承接住墜下的自己或後代。

投資自住房產，不只是為了賺錢、增值，也是讓下一代有個防禦後盾。

尤其是發生不得已、需要勇敢面對的人生意外時，這項資產就派上用場。

對於生命的無常，我們都要更謙卑，更努力做好萬全準備。而不是丟一句生命無常就算了，這太可惜了。

看著這位運將大哥的努力跟情義，非常不簡單，讓人敬佩。

2

爲孩子兼差開車，積極而踏實的平凡台北二代

昨天從市區結束大班分享會，準備回家的時候，在路旁跟一位ＩＣ設計業的讀者同學聊天。

他提到景氣好不好，看他們的獎金增加還減少最簡單。

二〇二〇年之後，真的讓台灣這些科技業人員賺了不少。缺點是，這些竹科菁英們也都把時間賣給了公司。

聊著聊著，叫的 Uber 車也來了。

天氣實在太炎熱，趕緊上了車。

運將大哥看起來應該超過三十五歲。

我笑著說：

「大哥您好，週日還出來跑車，辛苦了。您以前做哪一行的呀？」

運將大哥也微笑著說：

「我兼職的！本業是傳產業，做個小主管。想說假日在家也沒幹嘛，還不是打電動而已，乾脆出來多賺一點。早上還帶兩個小孩去看電影，下午剛出來不久。」

我誇讚大哥說：

「您真的是時間管理做得非常好。兩個孩子多大了？」

「一男一女，老大國中，小的才念國小。現在還不是最燒錢的階段，大學、碩士燒錢比較猛，如果還要念個博士，你說怎麼辦？我們當爸爸的不賺多一點行嗎？」

運將大哥講話的感覺是個很幹練的人，很有自己的想法，也許當主管的本來就要有兩把刷子。

「大哥您台北人嗎？」

看著窗外的陽光，盛夏的季節，到了傍晚還是很熱。話說這天氣還要持續一個月以上。

「是呀，我住萬芳醫院那，從小就在那邊長大。」

運將大哥又說：

「住家裡的房子。家中有些婆媳問題，好在家裡有多一間房子，大家分開住就不會吵，要不然這種事情還眞的很煩。」

「大哥您有打算以後再自己買房搬出去住嗎？還是沒差，反正家裡已經有了。」

我隨口問問，畢竟這樣的原生家庭，通常孩子也不太需要眞的拚到底。

「我是打算這兩、三年內存到頭期款，自己買一間，畢竟現在住的地方是媽媽的。一樣會選在文山區吧！」

運將大哥眞的是滿積極的人。

我苦笑說：

「很多人應該會想說那就算了，太辛苦，反正媽媽有就好，您也眞是不簡單。」

「不是啊！我才七十年次，媽媽也沒多老，老婆不想一直看婆婆臉色，畢竟關係都很緊繃了，那我就要靠自己，不然以後更難做人。」

原來運將大哥也四十出頭了，講話聲音就是「很正義」的那種。我如果是他部屬的話，感覺就是不能在他面前偷懶。

就我的經驗，這樣的人往往都會過得不錯，因爲自律性非常高，而且要求自己有時高過於要求別人。

我問說：

「那大哥是要挑電梯大樓還是老公寓？」

想了大概有五秒，運將大哥是眞的有在思考這個問題，他說：

「我想還是只能買老公寓，預算到哪就買哪，以後有錢再換就好，反正現在也是爬樓梯。」

我試著問：

「您太太有在工作嗎？光靠您一個人養全家，雖然不用房貸、房租，可是要存一筆頭期，還是很有難度。想請教您怎麼做到的，我想要學習看看。」

運將大哥說：

「之前有投資一些股票，像是台股的銀行股，買了玉山金、兆豐金，放了好幾年，成本也算低。另外還有買0050，這筆曾經賺到三十幾趴，現在剩十趴，覺得好可惜，但也就是放著，帳面數字怎麼跳我不管，也沒打算要賣。」

這位運將大哥觀念倒是滿正確，**反正買的就是整個大盤股市，帳面的損益還真的不太重要，關鍵還是在本身工作收入是否穩定成長。**

大哥繼續說著：

「錢這種東西，留剛好生活要用的就好，放太多在銀行沒用，不會增值。銀行借給別人，去賺更高的利息。我們要想辦法投資理財，要不然哪可能存到錢。」

不過，運將大哥是因爲家中在台北文山區就有房子，光這項優勢就差很多，省了每個月至少兩萬的租金。

如果省下這筆錢，沒有花光，假日還出來跑計程車，本身也已經是主管職，收入應該不會太差，那存錢速度自然就滿快的。

想起以前看過一段話：

「條件比我們更好的人，比我們更努力，這才是最可怕的。」

是的，人們喜歡看家境較好的子弟衰敗，例如某富二代酒駕或賭博，甚至吸毒之類，一定是因爲家中有錢，所以才怎樣怎樣。

但其實認眞思考就通了，普通人酗酒或者賭博、吸毒，沒有新聞價值，可是社會上這樣的人反而是比較多的。

原生家庭貧窮，不見得孩子就更積極向上，展現企圖心，更多的反而是選擇平庸，甚至是自暴自棄。

不要把金錢妖魔化，

把財富的累積當作是罪惡感，

這是資本主義最重要的一課。

初始的觀念有誤，後面滿盤皆輸。

這位運將大哥當然不是什麼富二代，但原生家庭本來就在都會區，累積的財富也會有一些。

看過一部分年輕人有這樣的條件會選擇直接躺平，反正家中有一些，用爸媽的就好。

但也有像運將大哥這樣的，未來肯定會更好。

最後也到目的地了，我跟運將大哥說聲謝謝，也問了最後一個問題，想說測試他觀念到哪。

「大哥那您覺得，六十歲或六十五歲退休，我們多少錢才比較夠？想說您理財很有一套，請教您的意見。」

大哥很果斷的回答，也許常常都在腦海中思考這些算式，他說：

「有自己的一間房子，沒有房貸，然後至少要有個三、五千萬，因爲以後東西又更貴，這樣應該會比較ＯＫ。」

「謝謝大哥，再見。」

關車門時跟他點了兩次頭。

不知道是因爲原生家庭的教育，還是靠他自己學習，但眞的不容易。在公司當主管要管八、九個人，然後假日還出來兼差跑車，投資理財也算得當。

也許，這就是所謂的階級複製吧！相信未來他兩個孩子也會有更好的基礎，繼續往上創造更多人生體驗。

這是我們社會上小人物的故事，平凡，卻也很精彩。他正在努力，我們也是。

畢大想跟你分享的是——

許多人總以為大都市的小孩應該受惠於房價上漲，不太需要努力什麼，就可以過舒舒服服的人生。

其實，沒有達到富二代的基礎之前，台北有更多的平凡二代，他們也同樣為了下一代而奮鬥。

這位運將大哥家中上一代已經有兩間房子，但依舊想要拚屬於自己的一間。

當到主管職的位子，假日再出來兼差跑車，這是一種精神，也是創富的原動力。

3 成爲有影響力的人，當年買下光復南路透天的老母親

早上帶一家人出門，搭了一台 Nissan 的小車。

車子看起來有點舊，運將大哥看起來也有點年紀，頭髮灰白沒有整理，整個人看起來挺滄桑。

第一個感覺其實有點差。

不過，正因爲搭車有各種體驗，才能聽到許許多多的故事，而且幾十分鐘的車程也還好。

一開始我也是簡單開個頭：

「大哥您開車幾年了？應該也差不多要退休了吧？連假還出來開車。」

運將大哥說：

「以前做導遊、當領隊，因爲疫情的關係也沒法做了，開計程車就變成興趣。我五十一年次的，也算半退休了，能夠到處走走看看，跟客人聊聊，也算是我生活原動力，難保過陣子就沒法開了。」

運將大哥眼神中帶著點無奈，也不知是爲了什麼事。

「大哥您養幾個孩子，應該都長大了吧？」

這位運將大哥似乎也很想聊的樣子，我是這樣猜想著。

我話才剛說完，大哥連珠炮似的回答：

「七七、七九、八十年次，都長大了啦，就是都不婚、不生。算了，年輕人是不會聽我們長輩囉嗦的。你要記得，小孩長大後是念不得的，隨他們去。」

「大哥您這樣很輕鬆了，他們都三十幾，您可以享清福了。不婚、不生很正常，畢竟才三十出頭，這是這個年代的趨勢，習慣就好。那大哥您哪裡人？台北嗎？」

運將大哥接著說：

「我住在國父紀念館旁。以前我媽是女強人，開遊覽車公司，生了我們四個孩子，還幫我們買房子。但現在老了，我們家就一堆問題。前幾天我還跟我哥吵架，眞的是一肚子委屈。」

「您母親這樣眞的很強，在這麼多年前可以幫每個孩子都買房。話說，您跟哥哥吵什麼，聽起來您們家很好過呀？這絕對是讓人稱羨才是。」

我除了佩服外，也帶著些納悶。

運將大哥自顧自繼續說著：

「以前旅遊業很興盛的時候，我媽開公司眞的賺不少。但這個哥哥就是不工作，後來身體不好，也洗腎了。現在我媽年老了，生病加上行動不便，你說怎麼辦？現在外籍看護也進不來，我跑了一堆地方，眞的很缺，就算要花好幾萬，也都沒關係，可是沒有就是沒有。我跟弟弟就輪流顧，哥哥跟姊姊都說忙，沒辦法，不顧就是不顧。

「我這個哥哥以前欠債一屁股，還是我媽賣了一間光復南路的房子去抵債，印象是民國八十幾年的事，賣了一千多萬幫他還。現在媽媽倒下了，怎麼可以不出點力？不出錢，不出力，以後還要分遺產？我哥聽了就不高興，說他自己也洗腎，身體不好，要不然他也很想顧，反而叫我不想顧就別顧，都他自己來。現在是怎樣，我真的很氣。」

這位運將大哥還真看不出來，家庭環境不錯，卻還開著這樣的小車，也捨不得換台新車來開，應該也是節儉的人。

運將大哥說不算勞退的話，每個月就有六、七萬被動收入，加上跑計程車的收入，十幾萬也是有的。只是人就是要工作，要不然老得快。

還聊到之前買了一些台股的金融股，一些金控、銀行股之類的，有些還有五十張以上。也有早期買的保單，在他現在即將六十歲的時候，陸續開始發揮作用，所以生活也不至於難過。

運將大哥說他沒有壞習慣，累積財富也快。以前當導遊看人家玩也看膩了，男人、女人玩什麼，愛買什麼，差不多也就那樣。

只不過，現在面臨中年人常見的問題，也就是年邁母親逐漸失去健康，卻又找不到專業看護，幾個兄弟姊妹也不是都有空照顧。

看著一輩子掌權、掌錢的母親，現在躺在病床上，兒女還有幾個不前來照顧，難免感傷，也覺得難過。

老母親看著大兒子從年輕到老都不工作，也就這樣一年過一年，說來，也是一種溺愛吧！

「難道您母親不會想說將遺產捐出去，不要給這個兒子嗎？」我提出了這個假設。

「唉唷，怎麼說都是自己兒子，沒有人會這樣做的啦！你自己有孩子，應該知道當爸媽的心情。我媽以前忙賺錢，也沒空管我們。我跟弟弟都很拚著工作，但每個子女依舊還是個性大不相同。我跟弟弟說，《民法》就是這樣規定，哥哥、姊姊即使不出任何力，就是要分這份，你也不能怎麼樣。」運將大哥說了許多家務事，過程中我幾乎都是聽眾，也習慣了。

開車的時速很緩慢，一趟原本大約半小時的車程，開了大概四十分鐘。一路上真的是時速四、五十開著，本來想催促稍微開快一些，又覺得算了，畢竟這位老大哥正說著過往的故事。

他想說些什麼，就讓他多說點吧！

其實很多運將先生都有很多話想說，適時當個傾聽者，我常常都覺得是在聽廣播。

運將大哥描述著他們行業領域的有趣事蹟，以及老母親當年可以在台北市買一整棟樓的過往。

除了自住透天的房子外，還能讓孩子陸續成家，有的立下點事業，有的則無，再將這份福澤傳到孫子輩，或許這就是所謂的影響力。

整趟車程，運將大哥和我談話的比例大概是九比一。

有時候人就是想找個陌生人講講話，讓自己心中的苦悶、疑惑、憤怒，有個出口。

人跟人之間，可以很親，也可以很生疏。

抵達目的地後，祝福他跟母親都健康順利。彼此道聲再見，小心慢走，運將大哥也消失在車海之中了。

畢大想跟你分享的是——

遺產規畫人人會說，但實際做的人卻不多。隨著台灣的財富越來越蓬勃發展，更要提早利用信託，做好規畫，不要讓後代為了財富而失和。

有錢當然總比沒錢好，沒錢的家庭往往吵得更凶。自住房產不只是為了自己，常常也是為了下一代。只可惜這個運將大哥的手足不懂珍惜，要不然，有女強人母親留下的基礎，還可以更上一層樓。

4 罵歸罵，仍繼續賺錢打底保本，是出自對子女的愛

早上搭了台計程車去市區上課。

這位運將大哥年紀大概六十歲，問我要走哪條路，我說只要能盡快到目的地就好，都可以。運將大哥說那就照導航走吧！

週六一早八點跑車，我試著問：

「大哥您是剛出來跑，還是已經整晚沒睡？」

這位運將大哥略帶外省口音，聲音算是宏亮：

「我呀？差不多要回去睡覺了。跑晚上的，你答對了。前幾年退休後也沒事幹，就當爲兒子賺的。」

我笑笑說：

「您兒子還眞有福，他幾歲了，還要您幫忙賺。」

運將大哥說：

「他三十歲了，之前跟女朋友奉子成婚，生了兩個孩子，老大都六歲囉，我都當阿公了。原本他們夫妻倆跑來跟我一起住，後來搬出去了，我覺得這樣比較好。我兒子、女兒該娶該嫁的都搞定了，我也算是完成任務了。」

「說眞的，這一代年輕人很少人這麼早婚了，您兒子跟媳婦這麼年輕，孩子卻比我的還大。」

最近遇到幾個案例，都是三十歲就結婚生小孩，很難得。

「兒子、媳婦只顧花錢，已經有兩個孩子了，卻也沒什麼榜樣。生活習慣大不同，大家分開住比較好，免得看了也礙眼。」

大哥的口氣聽起來似乎對兒子跟媳婦有些不滿。

「跟你講一件事也不怕你笑，有天我要出門跑車做生意，兩個五公升的垃圾袋看起來都快滿了，我想說先跑車要緊，就放著。回家後看到什麼景象，你猜？」

運將大哥這麼說，我還眞猜不到是什麼事，就隨意猜一個吧！

「我猜是兩包垃圾原封不動在那邊，沒人整理！」

運將大哥提高了嗓子，數落著：

「不是！回家後我看到一個十四公升的大垃圾袋，裡頭再裝了那兩袋五公升的，莫名其妙嘛！可惡，真的可惡透頂，年輕人真的是很不像話，不丟也就算了，你這什麼意思嘛！真的是昏了！我的媽呀，年輕人這樣做事的啊？」

我試著帶開這話題：

「您兒子做什麼的，媳婦有在上班嗎？也許工作很忙，回家也就懶得做這些。」

運將大哥繼續說著：

「我兒子在殯葬禮儀業上班，收入倒是不錯，每個月有八、九萬，可是都花得精光，他們說反正家裡有房子。媳婦就在家顧兩個孫子。」

我說：

「您媳婦當家庭主婦也是很辛苦。」

運將大哥苦笑著說：

「不，打掃、煮飯倒沒看她做過幾次，反而都我煮飯給她吃，他們買外食居多，拖地、掃地也都是我在弄，我覺得應該不算家庭主婦。有一天我實在忍不住了，就叫他們兩個過來，開個家庭會議，叫他們搬出去住吧！自己租房子，看看是不是對大家也都比較好。」

原來這位大哥以前是軍官退伍，後來又進公部門工作。孩子讀小學的時候，太太因爲癌症過世，一直覺得對孩子虧欠些什麼，所以想說多賺點錢，以後幫幫孩子。

女兒比較貼心，這是他眞心說出的一句話。

兒子跟媳婦呢？明明讓他有諸多不滿，但他還是出來開計程車，多少賺個幾萬塊，將來幫孩子存一點本。

因爲孩子收入雖然不錯，卻沒有存錢的觀念。

已故的經營之神王永慶先生講過一句話：

「賺一塊錢不是賺一塊錢，省一塊錢才是賺一塊錢。」

現在想來，儘管時空背景不同，卻依舊非常受用。

大哥住信義區的老公寓。

老母親九十歲了還健在，也住在附近的一樓。

聽到這邊，我就直說了：

「大哥，其實您兒子想什麼也很好猜，他們知道買房子不容易，您們家奶奶有一間，您也有一間，那他一定想說何必這麼辛苦？加上他一個人賺錢，一家四口開銷又大，就算他收入有八、九萬，偶爾有十萬，自然也是存不了多少錢，會覺得不如及時行樂。至於女生不打掃，或者衛生習慣什麼的，那真的就是每個人標準不同，要看開一點。」

也許大哥是早期的軍官，做事比較一板一眼，還提到現在年輕一代很敢玩，晚上泡夜店、酒吧的人，上了計程車後的一些荒唐事，讓他覺得時代怎麼變這麼多。

他也提到了一些陳舊往事，覺得以前一些傳統倫理道德，其實是好的。

時代是進步了，但不代表著粗俗就是坦率，不代表著有賺錢就可以揮霍。

女兒勸他不要再出來跑車賺錢，但晚上也是睡不著，那乾脆出來走走晃晃，多少還能賺一點。

聽得出來其實終究還是爲這個兒子在操心著。

這幾年認識的讀者朋友也多了，大概能了解老、中、青三代的各自想法。這個兒子跟媳婦原生家庭條件算是還不錯，但如果抱持錯誤的觀念，家庭理財的想法都不具備的話，即便原本有兩間老公寓，那一樣有可能敗掉。況且長輩的房子不見得都是留給他，畢竟還有個姊姊。

在這種情況之下，我不知道殯葬禮儀這個行業，是否需要很大的精力或者要承受很大的壓力，不然體力也是會越來越下滑。假如一路可以順順的做很久，那也許ＯＫ，但花錢方式如果還是月光的話，其實一個月收入十萬也沒用。

因爲將來孩子長大，開銷一定是更多，不可能減少。

家中原本的房子都還有人住，並沒有被動收入的來源。

加上現代的人都很長壽，其實等到眞的可以繼承房子，有決定權的那天，往往自己也是六、七十歲了。

那這樣將來就有堪慮的地方了。

兒子和媳婦其實可以更珍惜這個父親的。

畢竟住在一起省下房租，長期來說也是很可觀的。現在搬出去，那租金又是一筆開銷。

跟長輩住，看起來很沒有自己的私人空間，不過我確實也有朋友用這樣的方式存到了頭期款。

女生耐著性子跟婆婆相處，盡可能減少摩擦，忍了十二年，因爲這樣眞的省了不少房租。後來夫妻才買到心儀的房子，帶著兩個念小學的孩子有了自己的家。

不管怎麼樣，這位運將大哥嘴巴念歸念，罵歸罵，可是還是手腳很勤快，繼續賺錢，想要留更多本給孩子。

或許這就是台灣父親的愛，話不多，卻充滿了關心。

財富是累積下來的。

爺爺省吃儉用，父親省吃儉用，兒子努力花錢，那接下來呢？

假如運將大哥的兒子就一直這樣，只想要過著舒服的月光生活，倒也不是不行，只是將來下一代很容易向下翻轉，就難以維持相同的生活品質。

這些事情不知道三十歲的年輕人想通透了沒有。

有時候家裡窮一點也不是不好。我們年輕時做著時薪七十塊的工作，現在回頭看，只覺得有差這幾百、幾千元的薪資嗎？

但認眞想想，打了一堆工，省吃儉用存錢，這些都是磨練我們的心志。

別人花大錢買名牌球鞋、買衣服、買機車的時候，我還在打工。

有人嘲笑說：「賺那什麼錢，有跟沒有一樣。」

這些工作眞的很沒意思，看起來的確是這樣。

但生命中有很多事情都像是一塊塊拼圖，
只是在適當的時機，
才讓你整個拼湊出一大片的圖案。

人生這趟旅程，
有時冷颼颼，有時又酷熱難耐。
也因為走過這些風雨，
才能在中年時有更多的智慧。

下車時他跟我連說了三聲謝謝。

祝這位運將大哥過得好，也希望他的孩子不要輕易揮霍掉這些錢。年輕時每個月輕易賺到的這八、九萬，很可能是三十年後的數百萬，前提是，**如果懂得理財的話……**

畢大想跟你分享的是——

如果每個月賺的錢有接近十萬，除非家裡已經不缺錢到一個程度，要不然，最好還是強迫自己保持每個月儲蓄率五成的水準，逼自己存錢去做些投資理財。

即便是大盤指數ＥＴＦ，長期來說，都可以帶來年化報酬率五至七％的表現。

不要因為家中有了一點資產就放膽揮霍。

因為沒有站在資本主義之上的中產，是沒有條件這樣過生活的。

5 股票短線買賣很過癮？怎料竟輸掉五百多萬

昨晚抵達台北時，很快上了一部計程車要回家。

這位運將大哥的故事很經典，犯下了滿多人會犯的錯。

上車後我先閒聊著：

「今天台北有下雨嗎？我剛從高雄回來。」

運將大哥說：

「沒啦！天氣不錯，冷冷的。高雄那邊很熱吧？」

「我原本也這麼以爲，結果還是有些涼。這麼晚了，大哥您也準備要休息了吧？」

運將大哥大約是六十幾歲，講話聽起來是個單純的老好人。

「我是差不多要休息了啦！下午兩點跑到現在九點，體力沒這麼好了。每天出來跑八小時或十小時不一定，就看累不累，自我調整。」

大哥豪爽的聲音這樣說。

「大哥您應該退休了吧！孩子也應該大了。」

我看運將大哥的年紀，孩子應該成年了才是。

「是啊！生一個，也出社會工作了。不過我還不能退休，這兩、三年玩股票，輸了不少錢，只能繼續開計程車。」

原來這位運將大哥住新北汐止，當年買房便宜，總價四百五十萬，房貸也早早還完。

孩子只生一個，太太在傳產業上班，當小主管。

怎麼推估都是可以六十歲前退休才對，這樣的組合甚至有機會靠一些基本的投資理財，五十五歲就退休，也不是不可能的事。那到底怎麼了？結果竟是敗在了股票這關。

講到股票，自然引起了興趣，想說關心幾句，看看是否能幫忙些什麼。

我是這麼說的：

「大哥不對呀！這幾年台股都漲翻了，現在都接近一萬八了，您怎麼會賠錢？」

運將大哥是個老實人，也直白說了：

「大盤就是漲，也不知道爲什麼我就是一直賠，跟你說，眞的很奇怪，就是連續賠。」

「您台積電至少要買吧！買了放著去睡覺，長期投資十年，也是可以賺錢。如果這兩、三年您虧錢，那應該是二〇一八年第四季那波殺盤，要不然就是去年二〇二〇年二月底到三月底，新冠病毒剛出來的時候，股票市場大跌一個月。」

雖然累了一天，不過這些都是本能的反應。有關股票的事情，市場的脈動，大致上都算熟。

運將大哥嘆了一口氣說：

「你說的沒錯，我是二〇一八年那次大賠的，後來也陸續賠。我喜歡玩短線，想說電視上的投顧、分析師都說要換股操作，換來換去。畢竟退休時間多，每天看盤都以爲自己會賺，哪知道就這樣一直輸下去。後來錢比較少了，改玩當沖，賺也有賺，可是整年下來就是虧大條的。」

聽到這邊，大概也知道狀況了。

我繼續說：

「其實大哥您股票眞的不要玩短線，尤其是當沖，那都是高手在玩的，您不會贏。台股有幾派人賺大錢，有的是內線，有的是拿人家的錢去拱自己的單。您還不如買台積電、台塑四寶、富邦金這種，就這樣放著去睡覺或者到處走走，十年下來還賺比較多。就算沒賺什麼大錢，至少也不會虧錢。可以冒昧請教您這兩、三年賠了多少嗎？」

原本只是好奇問問，想說大哥不講也沒關係。

大哥停頓了兩秒沒說話，看起來沒有不悅，像是在計算的樣子。

我接著問：

「有虧到五百萬嗎？」

「有啦！超過。」

運將大哥無奈的回了我這句話。

「那您不就被太太罵死，這幾乎是普通家庭的積蓄。」

聽了眞的覺得很不捨。

大哥說：

「沒有讓我太太知道，我有把數字打折扣。這種事情怎麼能講，會完蛋的。當初我只覺得台積電又不會動，當然要買投機、會動的中小型股。我也有用融資，因爲賺了幾次，我就想說放大，張數買多，才賺得多嘛！常常贏了三、四個月，輸個一、兩週，就從賺錢變虧錢。我這兩、三年買來賣去，至少三百家公司以上，就是賠，賠不停，我在想一定就是融資惹的禍。」

我耐心解釋給運將大哥聽：

「大哥我跟您說，您這樣手續費跟證交稅就賠慘了。賺最大是券商跟交易所，您沒有優勢的。股票手續費單邊千分之一．四二五，證交稅千分之三，即便當沖有證交稅減半，但手續費您有跟券商談嗎？有打折嗎？假設您只有六折，您怎麼玩？一堆人都是三折以下，您輸面就很大。加上台股本來就是比較小的市場，很多人眞的是靠內線在賺，您沒有可靠消息，怎麼玩？

「再者，您看盤就會手癢，那您就不要看盤，好好去做別的事。您以爲您在玩股票，其實是您被股票玩了。融資是一個問題，而一般人玩短線也是一個問題。短線都是職業級的人在玩的，我以前也不少朋友在台股也都玩短線，有賺，就是割你們的肉呀！」

大哥一邊等著紅綠燈，一邊疑問著：

「我講這些很多人都聽不懂，你怎麼都這麼了解？你是做什麼行業的？也有玩股票呀？」

想了想，覺得點到就好，我說：

「您就當我金融業的，做股票養家過日子的。雖然是做股票的，不過不是台股，是美股。早期也有做台股，規則那些自然很熟。美股像是蘋果（代號：AAPL）、微軟（代號：MSFT），那種公司大多了，當然不可能被少數人操控。」

運將大哥虧了五百多萬。一把年紀，雖然不至於潦倒，但這就是很可惜的一個案例。

太太也還在努力工作著，不敢退休。
孩子只生一個，也長大了。
房子也有了，房貸當年也繳清了。
看起來就是失去了一張挑戰小康的門票，生活還過得下去，就普通。
接下來只能靠兒子再花二十年或三十年，看看是否能上小康這個檻了。

要記住，**家庭理財的規畫不是只有股票**。
不停的提醒大家風險，實在是看過太多太多案例了。
股票可以帶來快錢，同樣也能輸大錢。
每個領域都是專業的。
我們不會去問心臟外科醫師怎麼開刀賺錢，看他把心臟劃幾刀就有錢，賺錢好像很簡單！
如果有人這樣說，你們一定會覺得他是傻子。
但同樣的，爲什麼卻有人以爲看看財經台，聽聽各家投顧、分析師報明牌就會賺錢？

希望大家都少走一點冤枉路，因為時間很寶貴，一轉眼就五十歲、六十歲，能承受的風險只會更小。

畢大想跟你分享的是——

中產階級範圍很廣，一不小心就會往下掉到中下階層，甚至貧困階層，從下面要重新爬上來就很困難了。

這位運將大哥原本有機會讓唯一的孩子往上跳升一個階級，輸了五百多萬實在可惜。

唯一值得慶幸的是，夫妻兩人仍然認分的工作賺錢，而且有一間無貸款的自用住宅，這是他孩子最後的保障。

6 從南港搬到淡水，樂觀又父愛滿滿的運將小哥

昨天傍晚搭 Uber 回家的時候，遇到一個樂觀正向的年輕人。

雖然才剛講完一下午給中年人的課，但上車時還是按照往常開了個頭：

「大哥您看起來很年輕，三十歲嗎？」

這位運將大哥笑得開心：

「我喔？三十八歲啦！回內湖現在看起來不會塞車，很快就到了。」

「那就好，只要能盡快到家吃飯什麼都好。您以前是做哪一行的呀？」

雖然疲憊，不過聽聽司機講故事還是很有趣。

這位年輕運將說：

「我以前是電子業的啦！老婆在關渡上班，同樣是電子科技業。我們生

了兩個孩子，爸媽又沒辦法幫忙顧，我來跑車的話，時間比較彈性，可以接送小孩有的沒的。」

聽起來真的是很愛孩子的一位爸爸。

太太在關渡上班，那大概也猜得到是哪家公司。運將大哥也說就是這間沒錯。

這位年輕的運將老家在南港，家裡面三個孩子，他是老么。結婚後收入不是這麼多，很難買台北市，他很務實的跟太太搬去淡水居住，而且很滿意現在的生活。

他是這麼說：

「其實當初我爸媽買南港也才四百五十萬，現在鄰居剛賣兩千多萬，真的很誇張。我跟太太也不想給爸媽添麻煩，就跑去買淡水。」

這時候我有些疑問：

「大哥您本來就是台北人，爸媽經濟能力也不會太差才是。光您剛剛說的老家就值兩千多萬，開個口請爸媽幫忙，應該不是太難的事。大不了去貸個五百萬或六百萬，您一樣可以買想要的房子，不是嗎？」

大哥很老實的笑說：

「我想說爸媽都辛苦一輩子，以前也是苦過來的，就別再讓他們操心。當然也可以請他們去貸款給我，但是上面有哥哥、姊姊，這樣不好啦！而且老人家有貸款就會害怕，沒安全感。我們年輕人靠自己，沒什麼不好。」

「您爸媽有您這個兒子一定很欣慰。」

我是眞的發自內心這樣認爲。

以我自己爲例，即便未來大寶跟小寶沒有太大的成就，如果他們想要靠自己試試看行不行，自己去外闖成家立業，我同樣也會全力支持。

現在這年代很多人都說「不行了」，問題是，不靠自己，那還能靠誰？

不是每個人的爸媽都有五、六百萬可以幫兒子。

不能養成什麼事情都要家裡出錢的壞習慣。這樣的孩子無法學會獨立，很難讓家庭的資產繼續累積到下一代。

運將大哥說：

「反正我太太在關渡上班，住淡水滿適合的。只是疫情期間要異地辦公，辦公室搬到了新店，還眞有夠遠，每天捷運來回三小時，現在都還沒調回去。也只能先這樣，孩子總會長大。」

也難怪運將大哥說爸媽沒辦法幫忙顧小孩，一邊是南港，一邊是淡水，距離還眞的滿遠的。

很好奇爲什麼這位年輕運將能樂觀正面看待事物。因爲很久才會遇到一位這樣務實的人，通常都是抱怨加上痛罵社會，這才是主流聲音。

我也提出疑問，運將大哥是這麼說的：

「你一定想說我本來住台北市，怎麼願意跑去買淡水對不對？哈哈，其實很簡單，我就買不起嘛，有什麼好說的。而且我覺得淡水很棒啊！有山有水，加上我現在有房，有車，有兩個孩子。最近還問我太太要不要拚第三胎？你呢？你要再生一個嗎？」

運將大哥突如其來的一問，我也有些愣住，我說：

「沒有，兩個已經快累垮，這樣可以了。您還想要生第三個，太猛了，佩服佩服。」

「也不是啊，我們做爸媽的沒辦法留太多錢給兒女，我是想說可以留手足給他們。這事情也還在討論，我老婆是說順其自然。」

運將大哥眞的是父愛滿滿。

不過我還是請他好好評估財務能力，太過衝動不是好事。

後來想想，對方老家畢竟是在南港，光這個先天條件，應該也不需要太擔心。

這就是上一代有累積資產的好處，下一代就多了一道保險。

運將大哥說他這幾年有了信仰，跟著太太信奉基督教之後，生活有了很大的改變。

他以前也不是這樣的人，現在只要煩躁的時候，太太會請他跟主禱告，問問自己的內心是否平靜。後來自己慢慢調整，也眞的比較積極樂觀。

我也跟運將大哥說，人有信仰是好的，不管是什麼宗教，只要是勸人爲善，能讓自己成爲更好的人，不要走入歧途就好。

人總有迷惘的時候，有時候就是需要一股力量帶著我們往前走。不能讓自己就真的這樣停留在原地，到了中年之後才感到無力，這是很可憐的。

一路上聊得很開心，轉眼就到家。

下車時我跟他說聲加油，祝他心想事成。

回到家後，看到小寶因爲亂丟玩具被罰站，又陷入了「到底爲什麼要生這麼多個」的迴圈，這也許就是每個爸媽不斷重複問自己的問題吧！

也是甜蜜的負擔。

畢大想跟你分享的是——

不是原生家庭在台北，長大後就非得還是住在台北，沒這回事。幾乎各國首都房價都昂貴，人人都想要住在精華區。但這麼多人口，又怎麼擠得下這小小的一塊地，人口外溢是必然的現象。務實計算自己的所得，夫妻一起找到最適合的地方居住，這就是很好的理財方式。

通常每月房貸不要超過家庭月所得的一半即可。市面上專家說的三成，其實太過理想化，因為這樣很可能挑不到地方居住。

對於大部分月領四、五萬的上班族來說，夫妻合計十萬，每月花三、四萬繳房貸，還不算是無法負擔的金額，還能當作存錢。

當然如果有兩個或三個孩子要養，那開銷的分配又另當別論了。

CHAPTER 3

【挑戰篇】

人生沒有 Google Maps

1 小本生意，也需要學會基礎商業經營之道

從高雄返回台北。高鐵因爲地震延誤了十幾分鐘，不過這也是可以理解的事。

從高鐵站出來，回到急促的台北步調。加快了步伐，搭上 Uber 想趕快回家，很想兩個可愛的兒子。

運將大哥滿頭白髮，不過總是笑瞇瞇的，滿滿的笑容。

一上車我開口問：

「大哥您好，今天台北地震有很嚴重嗎？」

運將大哥想了想說：

「有搖，但還好。你從哪邊上來的？」

我回答：

「高雄。地震時我在高樓層，眞的晃得很厲害。」

「我家住老公寓五樓，魚缸的水有灑出來，大概是這樣的程度。那時候我剛好在睡午覺。」

運將大哥講完又哈哈笑了幾聲。

「以前九二一地震的時候，你在台灣嗎？」

運將大哥突然問了這個。

想說奇怪，我看起來不像在台灣生活的人嗎？

運將大哥接著說：

「九二一的時候我剛好去大陸出差，所以沒經歷過。」

「原來大哥以前是上班族，後來什麼原因跑來開計程車了？」

難怪剛剛運將大哥會這麼問，以前確實很多人出差往返兩岸。

滿頭白髮的他笑笑說：

「以前我在南港軟體園區那邊開咖啡簡餐店，開了九年，也是有小賺。後來房東不租我了，只能換到昆陽站那附近，生意就差很多，因爲那邊上班族沒這麼多。那三年幾乎都是虧錢，收起來後就跑來開計程車了。」

我佩服運將大哥這份毅力，因爲餐飲業要做十二年，眞的很辛苦。賺錢也就算了，後期還沒賺，撐了三年也算厲害。

我問：

「大哥您還有想要再開店當老闆嗎？」

白髮運將大哥說：

「是有想，但我老婆不太願意。她負責廚房，曾經生病動了刀，後來就覺得體力不太行。沒有老婆幫忙的話，那是絕對做不起來。」

「那大哥您有小孩嗎？應該也大了吧！」

看著他頭髮這麼雪白，應該有六十歲，但聲音聽起來又不像。

「我沒小孩，沒欠債，哈哈！」

運將大哥又是一陣爽朗笑聲。

「什麼欠債？」

一時還聽不懂他意思。

大哥說：

「人家不是說養孩子就是在還上輩子欠的債嗎？我沒小孩，所以說我沒欠債。哈，當初想說順其自然，結果一直沒生，後來老婆年紀也到了，加上動刀，身體變很差，想說就算了。」

「這樣至少經濟壓力會少很多。夫妻顧好自己就好，也不錯啦！」順口安慰了幾句，畢竟聽起來應該是太太生病後，才不得不的選擇。但是沒生養孩子，財務上確實會輕鬆不少，這也沒說錯。

「大哥您之前在南港開店那九年，應該也是有賺錢，要不然哪會開這麼久？可惜房東不續租，後來的那三年，您說虧錢，是有算自己跟老婆一份薪水的情況下，沒盈餘做不起來，是這樣嗎？」

我對這段餐飲業的奮鬥史，特別感興趣。

運將大哥說：

「我跟我老婆是沒特別算什麼薪水，但每個月就是都小虧，營業額大概六、七萬左右。」

我驚訝了一下，因爲餐飲業這樣怎麼活？根本不可能賺錢，甚至會大虧。

營業額六、七萬，扣除租金、水電、進貨成本，夫妻就算免費勞工，沒有人事成本，這樣除了做白工外，眞的每個月都是虧損。

大哥似乎很看得開，沒特別沮喪的意思。

我又問到前九年的成績。

大哥說：

「那時候每個月營業額有三十五萬，店租四萬。剛開始的幾年也都沒什麼賺，很肯定存款簿數字有增加，已經是第五年以後的事，也就是差不多賺了四年。」

快速算了一下：

「營業額三十五萬，毛利抓五成，然後扣掉店租四萬，夫妻兩人都算三萬的低薪就好，大概就是盈餘有七、八萬。」

運將大哥接著說：

「後來換地點，總是需要簡單裝潢吧！加上現在手上這台車，就什麼都沒有了。中間爲了開店也有信貸，貸款都已經還光。所以做餐飲算是有賺錢，只是貸款跟利息繳一繳，就幾乎沒什麼錢了。」

原本我想說，這樣也太可惜，十二年來彷彿白忙了一場。

但心念一轉，又覺得這麼說不太恰當，畢竟運將大哥也是有拚過，只是這場創業的戰役並沒有成功。

「您現在住的房子是當年餐廳賺錢的時候買的嗎？」

記得剛上車時，大哥說他住五樓。

運將大哥笑著說：

「沒有，那不是我買的，是爸爸留下的。以前做餐飲也不是真的很賺，沒想過這事情。哈，最近有在談都更，不過遙遙無期，像今天大地震，裂痕又變多了。」

往好處想，至少上一代還留了間老房子，運將大哥跟太太還有個棲身之所。未來靠開計程車的收入，要養兩個人應該不是太困難的事。

很快就到家，運將大哥很親切的說再見。

我也向他說聲晚安，很高興跟他聊天，讓我知道餐飲業這麼辛苦。

下車時問了運將大哥幾歲，他還認真想了好幾秒才說：

「五十八年次，這樣是幾歲？哈，我都忘記我幾歲了。」

我也笑著回：

「這樣應該是五十三歲吧！」

創業真的不容易，但不拚拚看又覺得可惜。

這位運將大哥家中不算有太大的資源，但至少還有房子這項資產，這也是一種後盾，還有條後路。

在對話過程中，感覺運將大哥對數字沒有很敏感，財務的相關概念比較缺乏。

或許餐點是好吃的，飲料也是有賺錢的，但管理上也許還有可以進步的地方也說不定。

開餐廳這種事，還真的不是只有美味就能賺錢。

除了餐點要對客人胃口以外，還要精確計算定價與進貨成本，要不然很容易變成白忙一場。

我們從社會小人物的點滴故事中學習，也希望運將大哥過得好，太太身體趕快康復，讓他在中年時，看看是否能再拚搏一場。

畢大想跟你分享的是——

做餐飲的第一個念頭往往是：「再怎麼不景氣，人總要吃東西」，但忘了另一個課題：「別人未必要去你的店」。

況且，小本經營的生意仍然需要精準計算人事薪資與進貨成本。即便是夫妻兩人下去做，也必須計入基本薪資，而不是做白工去計算單店單月的損益。

追求夢想的過程很精彩，但我們仍需要營利才能謀生。

2 不要以爲兩千萬可以用到老，別忘了算上通膨

今天是特別的日子，晚上是幼兒園的畢業典禮，大寶從一個階段又跨入另一個新階段。

當初在產房看著大寶出生，至今還記憶深刻。畢竟是第一次看到寶寶從眼前誕生，全身濕濕黏黏，跟外星人沒兩樣，長得還眞是不可愛。

但出生後不久，還來不及適應當爸爸的身分，小寶寶一天天變化相當快，大寶終於開始像個人類了，我也認知到自己的身分是個爸爸了。

從兩歲多進幼幼班，到現在六歲多從幼兒園大班畢業，這過程眞的是很特別的回憶，很慶幸自己都有好好參與跟記錄這一段。

今天的畢業典禮，看著這群小朋友在台上表演，想必對他們來說也是很

特別的回憶。

這一、兩天常看到大寶莫名出神，問他：

「怎麼了？因爲要上台表演很緊張嗎？」

他坦承說：

「對啊，很緊張，底下這麼多人。」

我跟太座安慰著說：

「放心啦！底下都黑壓壓一片，你看不到大家的，把家長們當作石頭就好。」

不過這些安慰的話應該也沒什麼用，這些該經歷的情緒，就該好好的去體會。

緊接著是小寶也準備要上幼兒園了。

看著小寶專注的盯著台上的大家表演，時不時拍手叫好，很興奮自己要去上學，希望之後可別哭哭啼啼的。

養孩子都是過程，就是人生經驗談。

對於財務上來說，當然要多花錢。

但滿多人只是把消費項目移轉，並不是眞的多花很多錢。以我的經驗來說，吃、喝、拉、撒、睡，這些都還好，會增加一些費用，但不至於太誇張。教育這塊的花費才會眞的很驚人。

不過，現在網路上資訊都很發達，好好計畫一番，其實也不會太慌張。

晚上前往畢業典禮會場的時候，叫了台 Uber。

來了部 Toyota Camry 油電車，還算新，開得很穩。

因爲快要遲到了，我請司機大哥開快一點。

路程沒多遠，加上大寶、小寶在車上哇哇叫，吵都吵死，其實本來是沒打算要聊的，但司機大哥因爲要幫我們趕時間，前方卻剛好有測速照相，又停了一個很長的紅燈，才稍微有一些對話。

原來司機大哥快六十歲了，以前是開公司，做國際貿易的。

我笑著說：

「原來是假日無聊出來跑車的老闆，您退休出來晃晃嗎？」

司機大哥說：

「退休？我四十三歲那年就退休了。以前很忙，一年總有半年以上的時間在國外飛來飛去。我搭飛機應該超過一千次，老天保佑，沒有坐到飛機掉下來的。那時候我賺到身上有兩千四百萬，覺得夠了，就收手了，也沒有繼續工作。」

我跟太座一邊叫孩子不要再吵了，一邊克難回著話：

「當老闆四十三歲就急流勇退的也不多，很多都是繼續野心噴發，不小心又摔倒的，這種故事我倒是聽得滿多。您當時賺到兩千四百萬，選擇收手，眞的滿看破人生。」

司機大哥這時出乎意料的一段話，才想說寫下來給大家看看。

他提高音量反駁說：

「不是，我當時以爲兩千四百萬就夠了，哪知道會不夠，現在才會假日出來跑車。如果眞的錢很多，我幹嘛這麼累？我現在快六十歲了耶，當時眞的是誤判。」

聽到這邊眞是太詫異了。

原本還以為是一段美好的提早退休的故事，結局卻不是這樣，讓人心頭一驚。

「我跟你們說，有句話是這樣講的，**吃不窮、穿不窮，不會規畫就一輩子窮。**」

司機大哥這麼說著。

大哥很晚才生孩子，現在一個女兒才剛上大學不久。

當時賺到的錢，因為後面這十多年的開銷，加上自己到處玩，竟然沒算好。難道這把年紀還要去給人家打工？可能也沒人要了。於是現在週日出來開計程車，跑大夜班。

原本住在台北市民生社區一帶，後來搬去淡水，也直言因為那邊房價便宜多了，所以就搬家了。

每個小人物的故事都很值得參考。

當一個人越年輕就退休，所需要的資產跟現金流，勢必比六十五歲退休的人更多。

要不然，後面還有四十到四十五年要活，這些錢眞的夠用嗎？

不要這麼痛恨工作，當作為社會盡一份力也好。

「吃不窮，穿不窮，不會規畫就一輩子窮。」

這是司機大哥給我的一段話。

短短一句話，道盡無數滄桑。

車子一個轉彎就到目的地了。

沒來得及聊太多，我們急忙下車趕往會場。

話說，現在幼兒園的畢業紀念冊做得眞好看，跟我們以前那年代差眞多。

我不記得我有這個東西，太座笑我：「該不會你根本沒買吧？」

也許當年我也以爲自己記憶力很好，不用買，但隨著年紀變大，腦子也不靈光了，很多事情都不記得，這是當年沒買畢業紀念冊的後果。

畢大想跟你分享的是——

年輕時以為的退休金額，常常到了晚年才發現跟不上社會的物價水準。

千萬不要用現在的物價去推算四十年後所需的花費金額，這是極度危險的事。

況且，沒在工作的人，往往娛樂開銷也比較多，一來一往之下，存款數字會下降非常快。

每年的通膨率三%並不是一個不合理的數字。

假如有空可以先算算現在每月的生活費，並試算十年、二十年、三十年後每月所需的金額，才不會讓自己永遠落後於時代演進的腳步。

3 從銀行業跳槽到保險業，白手起家的超級業務

上週帶大寶回大醫院複診。大寶之前動中耳炎手術，放了一個耳管在耳朵裡面，現在要看這個小裝置掉出來了沒。轉眼間，這已經是一年前的事情了，時間過得眞快。

回程搭了一台 Uber，運將大哥看起來滿年輕的，開著一台休旅車。

我跟孩子上車後，大寶安靜的看窗外風景。

我開口問運將大哥：

「您跑車多久了呀？最近疫情緩和很多，有比較好跑嗎？」

這位年輕、帥帥的運將大哥，我猜應該三十出頭，原來他已經四十歲，還有兩個小孩。

「我是兼職的，因爲剛剛客戶臨時改時間到下午兩點，想說現在才十一點多，也沒事，打開系統上線跑車，就載到你們了。哈！」

運將大哥語氣平穩的說著，一邊開車上高架道路。

我繼續問他：

「時間這麼彈性自由，您應該是業務，做哪一行的呀？」

「保險業呀！」

「現在保險業會不會很難做？」

「我做十年了，覺得現在比較好做。因爲大家保險觀念都抬頭了，不像三十年前長輩那樣，覺得保險沒用。但是年輕人進這行，前三年陣亡率還是很高。我是光靠老客戶的介紹，業績就還不錯。」

原來這位運將大哥已經是老業務了。

不過他講話方式不會很油，斯斯文文的，讓人感覺不到是業務。

「我以前在銀行上班，薪水有到五、六萬，後來覺得這樣不行，畢竟台北的物價眞的比較貴一些。如果家裡經濟狀況不錯的話，也許就這樣領個五萬還過得去。但是我沒有家人幫忙，結婚生孩子的話，這樣應該不夠用，勢必需要更高的收入才行。因爲朋友介紹，就轉來做保險業了。」

運將大哥這一席話，讓我稍微驚訝了，因爲很少人在三十歲前有這樣的自覺。

不靠父母，要在台北扛起一個家庭，眞的不是件容易事。

我疑問：

「大哥您當時從銀行轉到保險業，家人沒反對嗎？很多人的爸媽一定罵死，好好一個月五、六萬不幹，跑去做沒底薪的業務？」

運將大哥笑笑說著：

「家人沒說什麼，他們覺得年輕時還可以轉行試試看，如果到了中年五十歲要轉行，那難度才眞的更高。當然，也有些朋友閒言閒語，我都聽過就算了，沒理他們，後來也順利做起來。」

問了運將大哥是哪家保險公司，他也順勢拿了張名片給我。

我又接著問：

「好奇想問您，當時怎麼有勇氣做這樣的決定，畢竟每個月五、六萬，一年也是六十幾、七十萬的年收，就這樣直接歸零，您的判斷是什麼？」

對於這種人生的關鍵轉捩點，我總是特別感興趣，想要了解當下的心路歷程，常常能給我許多啓發。

車子經過一〇一大樓，大寶指著窗外喊著：「有看到一〇一耶！」

年輕的運將大哥一邊切換車道，繼續平穩的說著：

「以前在銀行也是要賣保險，獎金更低。銀行的好處是薪水比較固定，缺點就是薪水也眞的很固定。那之後我跟太太要生兩個孩子，還有房貸跟生活開銷，那怎麼辦？既然都要賣保險商品，乾脆靠自己，口碑做起來，那應該更好。對了，我剛剛說的一個月五、六萬，還不包含年終，所以年收會再高一點。

「當時銀行主管跳槽，空了一個缺，一位很資深的學長以爲應該是他了。他跟幾個競爭者面試後，成績也不錯，但是他沒有上位，你一定猜不到，後來上層直接派來一位空降的，根本不是我們銀行的人接主管位子。看到這樣的結果，我知道未來繼續待著也沒用。」

運將大哥說著這段往事，描述非常清楚。

在當時三十歲不到的年紀，就看到了社會的殘酷面，看來也是件好事。

我笑著問：

「你以前是官股行庫的嗎？」

運將大哥笑著說是很重視家庭的那家，不是官股。

後來問他住哪邊，他說住在新店。

我想了想，如果是新店的市區，那大概是新北市平均房價第三、第四高的地區。

運將大哥說：

「當初真的是結婚帶財，買一坪二十八萬，不過也只是老公寓而已，不是什麼新房子。住著住著，也好多年了。」

運將大哥有說兩個孩子的歲數，但上禮拜的事，我真有點忘了，應該兩個都比我的孩子再大一點點。

他其實投資的觀念都不錯，加上運氣真的也不錯，做了幾個比較高風險的投資，都用很小的錢去試試看，結果都有中。

也許這就是他的運，好運就是眷顧努力的人。

很快到目的地了，我也祝他業績長紅，等一下兩點跟客戶談得順利。

他得意說著：

「全台灣都有我的客戶，北中南我常常到處跑。」

這是一位很不錯的年輕人，很樂觀，也做出一點成績。

太太在家顧小孩，光靠他一份收入能夠養全家，我想應該也是位超級業務吧！還這麼會利用時間，空檔就跑計程車。

如果這樣的人還不賺錢，那什麼樣的人才賺呢？

這是一位保險業日常小人物的故事。

我們在社會上會遇到很多這樣的強者。

他們不一定是醫師、律師、企業主，但他們同樣可以白手起家。

畢大想跟你分享的是——

跟一個人的對話，可以感受其價值觀。

大多數人會將抱怨掛在嘴邊，但也有少數人悶著頭默默做。因為做出成績之後，大家自然就不會再多說什麼了。

從一份安定的銀行工作，跳槽去做沒底薪的保險業務員，這過程也許有很多壓力，但運將大哥沒多說什麼，現在都已經過去。早早就看透台北生活的經濟壓力，加上結婚時聽老婆的話買了一間自住宅。

人生就是這樣一步步構築起來的，哪有什麼複雜道理。

4 曾經年營收九百萬，仍敵不過便利商店的普及

傍晚，幫一群台北的讀者朋友們上完課後，精疲力竭的搭上 Uber。

上車後沒講一句話，就這樣看著窗外，想著剛剛與這麼多讀者們的問答，哪邊還可以做得更好，或者還可以怎麼協助之類。

運將大哥也沒講話，專心開著車。

到了半路，我還是開了口：

「今天台北街頭車子多嗎？」

運將大哥語氣平平穩穩的說：

「沒什麼車，今天還好。」

「疫情應該緩和許多，生意都正常了吧？」

我一邊喝著水，繼續有一搭沒一搭的聊著。

其實也是眞的累了，但又覺得當作「抽抽樂」一樣，看看是不是能聽到什麼有意思的故事，這樣日子過得比較充實。一直習慣這樣珍惜每一天，才會覺得沒有白過日子。

「有啦！已經滿OK的，我們自己司機群組中，有人秀出薪水圖，一週領到快三萬的都有，這樣一個月你看會有多少。就是用時間換，不要命的開車，這樣就有。我是沒辦法，這年紀已經不想這樣操了。」

運將大哥這樣說著。

他六十年次，剛滿五十歲不久，沒結婚，說已經錯過了那個想要結婚生子的年紀。

我接著說：

「其實每天跑車十六小時，那眞的太痛苦了，那種錢不是每個人都可以賺的，您這樣比較正確。」

運將大哥笑笑說：

「是啊！這社會上大多數人還是用時間換錢比較多，就看每個人可以用時間換到多少錢。有的人可以用時間換到比較多錢，有的人就沒辦法換到這麼多錢。」

「大哥您以前做哪一行的？」

趁著等紅綠燈，我切入正題。

「我開 Uber 也有五年了。以前剛開始做的時候眞的嚇到，原來有這麼多人用這東西，而且老外來台灣玩，一定也是用這個，因爲不用跟司機講到話啊！就手機點一點。至於更之前，我是開餐飲的，在台北車站南陽街那邊，不過後來被漲租，實在受不了就收了。之後跑去西門町開，賺個幾年又遇到SARS，只能收掉。最後在青年公園那邊，那時候生意就眞的不太好了，然後又遇到二〇〇八年雷曼風暴，想想也沒多少本錢可以燒了，於是就收掉來跑計程車。」

「那大哥您覺得當老闆容易嗎？」

我試著這麼問。

「難死了，哪有這麼簡單，我就是校長兼撞鐘。員工來來去去，如果不做，我就得拚命做才行。」

運將大哥語氣平平這麼說著。

「那您記得當時有賺錢的時候，一年可以賺多少？我能這麼問嗎？」

「以前小七跟全家還沒有座位可以坐，我們那種坐著可以喝飲料聊天的簡餐店，眞的是不錯賺。我一年營收曾經有九百萬。」

運將大哥談著古早的往事。

我驚呼：

「九百萬？那獲利有多少呢？畢竟要扣除一堆房租跟水電成本之類。」

只見運將大哥認眞的想著算著，幾秒鐘後回答：

「一個月有二十萬淨利，大概一年兩百二十萬到兩百四十萬。」

「以前那個年代，這收入算滿不錯的。之後從台北車站換去西門町，應該還是有賺吧！」

我繼續問著。

「到西門町後，店租還是滿貴的，而且生意已經掉下來很多，一個月能賺八萬就偷笑了。但關鍵還是SARS，那時候很多行業都完蛋。」

運將大哥如數家珍，這些回憶一個個說給我聽。

他提到，當店租上漲，加上員工的薪資也提高，工讀生從一小時七十、八十，變成一百七、一百八才找得到人，那餐飲的價格自然就反映上來了。

我也順便問了問爲什麼現在坊間滿滿的手搖飲店，究竟是否有賺頭？

運將大哥依舊不帶情緒的說著：

「從以前到現在，飲料的成本不會增加太多，一杯頂多多個三、五塊，但人事成本差太多了，店租金也是，那一杯飲料要賣五、六十，甚至七十，就是消費者要承受了。還是會賺啦！只是看利潤怎麼抓。盡可能做外帶店，店面越小越好，才能擠出利潤。」

話鋒一轉，我問當時這麼年輕，年收入就有兩百多萬，爲什麼沒守住？例如投資買股票或買房子之類的。

運將大哥悠悠說著：

「剛開始有賺錢的時候，家人或兄弟姊妹過得比較辛苦，難免會幫他們，一直掏錢出去。到最後我垮掉，沒賺錢了，自然也沒辦法再給他們了。沒辦法，大家都是一家人啊！」

運將大哥說起這段，沒有聽他抱怨什麼。

我也不知道他這樣做是對還是錯，家人跟他拿錢，到底眞的是爲了生活，還是另有打算。

但年輕時，如果在那兩、三年把錢存下來，現在生活一定會更好過。

不過人生沒辦法重新來過，過了就是過了，只能展望未來。

最後快到家了，我問運將大哥最後一個問題：

「大哥您以後如果有機會，還會想要開店嗎？」

「我不想再當老闆了，幫人抬轎也很好啊！要管員工眞的很難，臨時就不來了，突然就不幹了，這種你要怎麼辦？反正也五十歲了，順順利利過下半輩子就好。」

笑笑跟運將大哥說再見，有一場開心的對話，也學到了不同行業的一些難處。

大哥沒結婚，但是有找個伴在一起。

也祝福他能夠順利，這輩子也算有拚過了。

畢大想跟你分享的是——

這十年來便利商店的快速發展，把許多以前會賺錢的簡餐店都打垮了。

大家要找個位子聊天談事情，就直接找間超商坐下來聊。

時代不斷改變，賺到的錢要記得收起來。

當然，如果是家人缺錢的因素，要不要給就見人見智了。

但是正常情況下，我們做一個行業要連賺三十年，這機率是比較低的。

給家人錢的同時，也要算一下自己夠不夠未來生活之用。尤其是做生意有起有落，總有需要資金周轉的時候。

雖然也有人越做越好，但終究是極少數。

5

獨力扶養孩子長大的軍官爸爸，與一段成熟的愛情

一早搭了台 Uber 前往市區，由於有點趕時間，還是不放心問了一下運將大哥：

「請問二十分鐘可以到嗎？看導航好像還行。」

這位運將大哥看起來五十幾歲，講話外省腔，滿斯文的。但講話方式感覺很熟悉，一時也說不上爲什麼。

運將大哥微微轉過頭，有點嚴肅的表情問：

「需要幫您全力趕車嗎？」

感受到大哥好像想要「來眞的」，彷彿接到任務一般。

我連忙說：

「沒關係，順順就好，安全還是最重要的。」

我問運將大哥：

「您假日還出來跑車，是退休出來遛遛嗎？」

大哥頭髮有些灰白，臉上沒什麼笑容，講話倒是溫溫的，不疾不徐。

「我呀？早退了，以前做軍官，四十出頭就退休一次了，想說有終生俸應該還行。後來在社會上跑跳，最近想說孩子也大了，就改開計程車。反正想開就開，自由就好，也快五十歲了，沒什麼好追求的了。」

原來大哥是軍官退伍，年輕時的當兵回憶一時湧上心頭。

難怪大哥講話的口氣這麼熟悉，以前被罵的印象都上來了，這應該就是許多男生都曾有過的記憶。

我接著問：

「請問大哥您是上校退伍嗎？四十出頭就退休眞不錯。現在兒子多大了呀？」

運將大哥笑笑說：

「沒啦！我幹到中校就退了，憲兵單位，最後軍旅生涯調去國防部，哇咧，通通是大官。我以前在部隊人人都要跟我敬禮，進國防部那幾年，我要跟每個人敬禮。晚上還常常接到將軍打來罵人狗幹一通的電話，壓力眞是有夠大。」

我回著：

「可是當兵時都說在國防部最好了，吃好睡好，以前在基層單位，眞的很辛苦。」

當兵雖然辛苦，但現在回想起來，也多了些話題。人生總是這樣，當初百般不想，現在卻有許多滋味。

運將大哥哈哈大笑說：

「當小兵在國防部當然好，我們是軍官啊，不一樣啦！你剛問我兒子多大，我生一個，正在讀大學。」

我一邊看著窗外風景，隨口問：

「那您太太家庭主婦嗎？還是也在軍中服務？」

「孩子的媽生完後就離開了。」

大哥平靜的語氣，細細說著這段話。

原本還看著窗外風景，愣了一下，連忙說：

「不好意思，講到這話題，怎麼會難產呢？」

大哥趕緊補充說：

「沒事啦，不是難產，對不起是我讓你誤會，她離開是眞的離開，生完孩子半年後就跑掉了。」

聽到這邊，我更是覺得納悶，媽媽生完孩子就馬上拋下家庭的，這種案例不是沒有，但應該很少才是。

運將大哥說：

「當時我三十出頭，她才二十五，年輕女生，可能覺得還想玩吧！太早婚了，這也許不是她要的人生，生完小孩半年後就離開了。當時我人又在部隊，孩子只能交給他爺爺奶奶照顧。小時候我管教很嚴，打過幾次，跟你說，孩子都會記得的。你對孩子好，他可能會忘記，但你打孩子，他一定記得。我罵他吃飯沒坐姿，很難看，罵他不好好讀書。有兩次打比較凶，打完之後我去房間抽菸，心裡充滿了懊悔。」

運將大哥繼續說著這些事給我聽。

「現在他長大應該懂事了，您不要放心上。」

我這樣安慰著大哥。

「沒，我們就比較沒話講，他也跟我比較有距離感。要記得，你如果是黑臉，老婆就要扮白臉去安撫，跟孩子說明爸爸為什麼要處罰，為什麼要生氣，這點很重要。可惜的是，我兒子沒有媽媽。」

「大哥您後來沒再找個伴嗎？」

想說換個話題好了。

畢竟有個不跟自己講話的兒子，這父親肯定心中是滿滿的不舒服。

運將大哥語氣平靜的說：

「這二十年來有交過三個女友，其中一個有到十年，可是也沒結婚。人生就是這樣，她後來發現癌症末期，我們想了很久，決定不要互相拖累。畢竟我有年邁的爸媽要照顧，又有兒子，她也不想拖累我，於是就畫下句點，這樣對大家都好。」

聽到這邊，我選擇讓沉默占滿了車內的空氣，實在覺得造化弄人，不知要怎麼接話。

「她癌症越來越嚴重，我在醫院門口抱著她一陣子，就這樣分手了，再也沒有聯絡。那畢竟是個生離死別的地方，醫院除了寶寶誕生的那層樓是喜悅的，其他地方往往是令人難過的。」

車子開下交流道，運將大哥一邊說著這段話。

我試著想說幾句，卻也不知道要講什麼。

後來忍不住說：

「您也真是有點坎坷。」

沒想到運將大哥倒是滿樂觀的，笑著說：

「還好，至少現在我爸媽快八十歲，我們那眷村的鄰居，只有我們是三代同堂。小時候我叫的叔叔、阿姨、伯伯，大多都離世了。換個方式想，我很幸福，現在這個年紀也不算太老，每個月有國家養我，還能開開計程車，月收入也還不錯，這樣子可以了，哈哈！」

到了目的地，我說了聲謝謝，跟往常一樣，鞠了個躬：

「跟您聊天很有意思，祝一整天生意興隆。」

運將大哥揮著手，我們就這樣道別了。

下車後我一直在想，男人要有多大的勇氣與心智，才能扛起這個破碎的家？

妻子生產完不久，就頭也不回的離去，獨留丈夫陪著這唯一兒子成年長大，同時必須擔負著軍旅中的壓力。

很難，眞的很辛苦，我應該扛不住這份壓力。

到了中年再跟交往十年的女友說再見，因爲彼此的成熟與體貼，決定不耽誤彼此人生。

這些都不簡單，需要更多智慧與毅力挺過去。

畢大想跟你分享的是——

搭這趟車，讓人體會到人生的苦澀與辛酸。

這是一個深愛兒子卻嚴厲的軍官爸爸，也是一個在感情世界中不甚順遂的中年男子。

我們都曾經想要讓自己更好，也想要藉由努力工作改變人生。但盡力之後，剩下的還是都由天。

這位運將大哥至少還有終生俸，這就是最好的每月現金流，加上開計程車，晚年生活還有個歸屬，不用為三餐而煩惱。

6 朋友捲款潛逃讓他流落街頭，一個創業失敗的工程師

這位運將大哥是前兩天遇到的。

從內湖前往市區的時候，車子經過內科園區，運將大哥忽然說：

「我以前也是在內科上班。」

我問說：

「大哥您以前也是工程師嗎？怎麼跑來開計程車？」

運將大哥看起來年約五十歲。他說當年朋友邀約，一起去對岸做生意，領薪水加上乾股，公司做起來的話就怎樣怎樣的，就跟著去了。薪水也給得不錯，每月三萬多人民幣。

他說當年做藍光，覺得應該有機會賺，怎知一年多後就倒了，失業再回

台灣。

我納悶問著：

「大哥您說的藍光，是指以前光碟機、燒錄機那個嗎？現在好像已經沒什麼人在用，許多電腦也不搭載這個設備了。而且怎麼才一年多就倒，未免也太快。通常產業再怎麼轉差，也不至於一年就倒，難道是被人家弄了？」

運將大哥苦笑說：

「你說對了。當時我們幾個同事、朋友過去，共有五人。藍光沒做起來，帶頭的捲款跑了。我損失的只有拖欠的薪水，不過也是好幾十萬。後來回台灣已經超過四十歲，工作真的不好找。」

我接著說著：

「四十五歲或五十歲之後工作不好找可以理解，您說四十歲就不好找，這也太殘酷了些。」

運將大哥說：

「在那之後，我又去對岸拚了四年。不過那時候台灣過去的薪水已經沒那麼好了，早期是真的可以存很多錢。後來公司收了，回台灣後就開計程車過日子。其實，當初如果好好繼續做著原本的工作，同期的那些同事，好幾個也都退休了，畢竟我們都是元老級員工。這都是選擇。」

大哥說著這些話，語氣中倒是沒有太多後悔，彷彿是在描述一件別人的事情般。

「當年那個捲款跑掉的朋友，應該會有報應。」

這世上是否眞的有報應，我其實也不知道，但至少說幾句安慰的話語總是好的。

運將大哥繼續說著：

「你說的報應還眞的有。那個朋友在中國繼續開別的公司，還是用騙的，結果踢到鐵板，弄到當地有力人士的兒子，被判了五年，在那之前已經被抓去調查了三、四年，最近聽說要出獄了。眞的也是很慘、很可憐。」

我愣了一下，覺得大哥還眞的是很有同情心，竟然會憐憫這個欠他薪資、誤他青春的朋友。

「光聽就覺得很慘，那朋友萬萬沒想到會有這麼一天吧！換個方式想，大哥您現在平平安安在台灣，有飯吃、有車開、有家庭，孩子也長大，錢夠用就好，已經是萬幸。」

我發自內心這麼安慰著，經歷過劫難，就會懂得平凡的好。

運將大哥還說，當年跟其他幾位同樣身無分文的朋友在南京街頭找飯吃，非常落魄，也不知道怎麼回台灣，茫茫然的看著人來人往。

因爲被欠薪數個月，加上手上的錢快用盡，情緒很低落，一度想著是不是會客死異鄉？

對岸大城市的競爭程度，絕對不亞於台北，或者說有過之而無不及。

被背叛的痛楚彷彿歷歷在目。

沒問他是怎麼撐過來的，過去的事情有些可以想，有些還眞是不能多想，想越多，反而讓自己更難過。

因爲網路寫作的關係，認識許多讀者朋友，也聽了很多的人生故事，精彩度跟金融交易相比不相上下，像是有讀者被兄長霸占了父母的上千萬遺產等等。

中年失業是很可怕的，**年輕時多努力些，為自己積累更好的基礎，不管是財務上或者自身實力。**

當老闆或者當員工都有優缺點，也要跟本身的個人特質與能力搭配，而這些都需要時間的醞釀。

我們做事情盡可能為別人著想，
這社會不是零和，
大家確實可以透過互助，創造更大好處。

畢大想跟你分享的是——

受薪階級常常會羨慕當老闆的好，其實兩者所承受的風險大不相同。

當老闆如果當得不順利，幾乎就是一無所有。這個運將大哥的人生走馬燈我們看到了，有的結果甚至還更糟。

因為能力好不好是很抽象的，包含財務、技術、識人能力、業務開發能力、政商關係等等，這些都可以稱作是「能力」的展現。作為員工，在公司裡或部門裡，也許單一方面表現很好，但綜合能力如果不夠的話，當一個創業者，同樣會面臨很大的挑戰。

7 有幼教、餐飲經驗的運將大姊，咬牙苦撐疫情難關

帶家人去永和拜訪親戚，也順便讓兩個孩子在中和的四號公園跑跑。小孩子活動力旺盛，當爸媽的總要帶他們到處去放電才行。

晚上搭計程車回家，來了一部 Toyota 的休旅車，是位女司機。上車後，這次不是我開口，反倒是這位大姊先聊起來：

「你小孩多大了？眞可愛。」

「小的還不到兩歲，最近突然比較多話，開始學說話了。」

我笑笑回答。

原來運將大姊六十八年次，也有個年紀差不多大的小孩，同樣是第二胎。

第一胎已經上小學了，兩個年紀差比較多，有八歲之多。

我接著問：

「怎麼會差到八歲呀，這樣要重新累一遍。」

大姊語氣慈祥的說著：

「當初生完大女兒，身體不太好，賀爾蒙失調，體重也失控，花了好長一段時間才調整好。三餐規律，早睡早起，工作就先不做了，才慢慢調回來。懷孕前曾經夢到一個男孩對著我笑，笑得很可愛，之後就有了第二個。」

我跟太座倒是沒什麼胎夢的經驗，只記得照顧新生兒很辛苦。生大寶比較辛苦，因爲還沒有經驗。當時的記憶因爲睡眠不足的關係，幾乎是空白一片。生第二個就比較輕鬆些，畢竟一回生二回熟。

大姊說著：

「我們想說趁年輕多賺點錢，孩子就給婆婆帶。原本是想請保母，但婆婆也喜歡孩子，就讓她帶吧！也比較省錢。」

的。

大姊開車的技術著實不錯，算是近半年來遇到的司機中，可排入前三名

大姊說她負責開晚上，老公開白天。以前夫妻各有一台車，兩個人各開各的，但疫情期間實在太傷了，根本賺不到錢，趕緊先賣掉一台車。

運將大姊跟她老公兩人都很努力賺錢。

大姊還給我們看了孩子的照片，感覺眞的很喜歡孩子。

運將大姊說：

「如果經濟許可的話，其實多生幾個我也願意。不管是自己的孩子或別人的孩子，我覺得都很可愛。」

我笑著說：

「那您適合當保母或幼兒園老師，不要開計程車了。」

大姊嘆了口氣：

「您還眞說對了，我開計程車四年了，以前是幼兒園老師。這行業眞的賺不到什麼錢，薪水很低，最早領過兩萬出頭，後來到兩萬七，這樣怎麼養

家？也開過早餐店，店租一個月要三萬五，這還是十年前的事，現在都不知道漲到哪去了。幼教業眞的要很有愛心才能做，我才改行開計程車。」

原來運將大姊以前是幼兒園老師，講話才會這麼輕柔好聽，感覺就很有愛心。

社會上，各行各業的人都在努力奮鬥著，有時是爲了年邁的父母，有時則是爲了年幼的孩子，常常到了中年之後才想到要準備自己的退休金。

現實總是艱難的，決定爲人父母的那一刻，就要有捨己爲孩子的打算。

畢竟我們大多數人都不是富二代、富三代，普通小老百姓就是這麼平凡的過日子。

更有些人因爲原生家庭的困難，決定終生不婚不生，專心照顧上一代，這同樣是了不起的人生。

有人當工程師，月收入六、七萬，因爲家中父母慢性病、中風等等，光是每個月的生活費就固定要寄三萬回去，一個人獨自在繁華的都市苦撐著。

像這樣的故事也是經常上演。

這兩天跟朋友聊到，原生家庭的重要性占了我們人生幾趴？對財富自由這件事情的比重有多高？

一位朋友說六〇%，另一位朋友說五〇%，還有一位朋友則說是四〇%。

這題或許找不到答案，但唯一不變的是，**自己需要勇敢面對，並且扛起生活的一切往前走。**

希望這位運將大姊幸福美滿，生意興隆。

畢大想跟你分享的是——

投資理財的大前提，還是要有餘錢。

如果每個月光三餐跟房租、水電就壓垮的話，還怎麼談投資理財呢？

請務必擺脫「老鼠迴圈」，不要讓自己窮忙。

盡可能不要只用蠻力去換錢，因為體力一定會隨著年齡越來越下滑，而收入又是用體力去換的，那久了當然沒辦法維持。

盡可能培養一些專長，讓自己的中年收入不會降低太多。

投資自己總是不會錯的。

CHAPTER 4

【守成篇】

慢慢來，比較快

1 被會計師詐騙千萬的運將大哥，終究禍起於貪

中秋連假告一段落，新的一週又準備展開。

晚餐時間搭了台 Uber 出去吃飯，下雨天，車資有加成一點錢，但能盡快出門還是比較重要。

一般來說，如果車上還有小孩或太座，我就不怎麼聊，不過應該是緣分，這趟聽到了很有意思的中年故事。

來了一部 Toyota Wish，上車看到運將大哥穿著短褲，我猜年紀應該四十幾歲。

老樣子開頭法：

「今天下雨，生意很好嗎？」

運將大哥笑著說：

「這三天都不錯，晚上很多人出門，去喝酒聚會的。不過等一下十二點過後應該就沒生意了。」

「明天大家總要上班上課，不能不早點回家睡覺了。大哥您都開到半夜嗎？進這行多久了呀？」

聽起來，運將大哥好像是開到半夜的樣子。

運將大哥想都沒想，說著：

「下午四點到隔天早上六點，一天大概開十四小時，大夜班的。」

「一天十四小時，那真的很辛苦，身體要顧好。大哥您也台北人嗎？」

如果年輕這樣操也就算了，到了中年就很辛苦。

大哥語氣輕鬆的接著說：

「我住新北，中和那邊。不會辛苦啦，工作就是這樣。你看外面的上班族好了，每天上班八小時，加上午休一小時，再加上通勤來回兩小時，還不是一樣要十一小時。別忘了這還是準時上下班的公司，如果要稍微加班的，那跟我一樣是十三、十四小時，差不到哪裡去，每個人都爲了全家那口飯。我做這行六年了，收入一直都差不多，一小時有到四百。」

我疑惑問著：

「那大哥您算很會跑的，很有一套。因爲最近搭到的司機都是說一小時賺三百到三百五，除非是早期才可能有四百到五百。」

運將大哥笑笑的說：

「可能我都開快車吧！哈！每個小時能載到的客人就多，不過沒客人投訴過我就是了。」

我坐在車上感覺是很平穩，也許有放慢速度。

「大哥您以前是做哪一行的？現在幾歲了呀？」

聽聽以前的職業，總讓人有猜謎的感覺。

「我以前做貿易公司的，給人家請，做了二十年應該有。可是後來老闆不做了，把公司收起來，我就失業了。我現在也五十歲了，不開計程車，也不知道能做什麼？」

原來運將大哥也是中年失業的一員。

「是老闆虧錢才收掉的嗎？還是年紀大了，不想做了？要不然以前的貿易公司老闆應該有賺錢才是，畢竟過去景氣眞的不錯。」

帶著關心繼續問下去。

運將大哥介紹了一下以前公司做的產品細項，也說了以前薪水一個月大概就是四萬多，接近五萬，但年終老闆很大方，會發到三十幾萬。

看運將大哥講話一派豪爽的樣子，後面才娓娓道出不爲人知的故事……

老闆之所以把公司收起來，是因爲被會計師詐騙，心灰意冷之下才收掉公司。

連運將大哥本身也有被騙。

運將大哥說：

「那個會計師跟我們老闆很熟，老闆娘跟她認識很久了。她說放高利貸可以給我們很多利息，高配息，一個月三分。聽到有利潤，我們當然眼睛就亮了。當時我一個月薪水四萬多，配息就有二十幾萬。我一共放了一千萬給她，我老闆則是被騙一億。事情鬧得很大，還上新聞，滿多人受害，你查吳○○就知道了。」

我一時還沒領悟過來，想了幾秒才聽懂意思：

「大哥您是說你們公司合作的這個會計師吸了大家的錢，一開始也給你們很高的利息，後來跑了？那之後有拿回一些錢嗎？」

「拜託，她名下的資產一定都嘛是銀行先拿走，哪輪得到我們這種小咖。總之這就是那個……那個什麼龐氏投資？還是龐氏什麼鬼的。」

運將大哥說出這個關鍵字，自然就整個通了。

「您是說龐氏騙局對吧！就是我們台灣人常說的老鼠會，一個吸一個，用後金補前金，最後爆掉就沒了。」

我幫忙補充幾句。

「那時候每個月大概都會收到二十幾萬的利息，花錢很大方，改車玩車都有，還去峇里島玩十天，花了五十幾萬。眞的沒想過會發生這樣的事情，賺錢容易，花錢就不手軟，再回頭就很難了。」

運將大哥說出這段往事，還眞是讓人吃驚。

我繼續問著：

「一個月二十幾萬，那眞的很多。您說放了一千萬，如果扣除有收回來的一些利息，損失也許沒有想像的那麼多，您有細算過嗎？」

運將大哥笑著說：

「那時候拿到錢就是花掉。假如拿回來的都有存下來，那損失大概就是幾百萬。但人就是這樣，有了錢之後，就會想提高生活品質，這很正常。事情發生就發生，也不能怎麼樣。」

運將大哥也說了這個會計師的名字，上網查了一下，也已經是大約八年前的事情。

當時新聞版面鬧很大，受害者很多，政商名流幾千萬、幾億的投入。也許這就是所謂的人性。

「那大哥您六年前來開這計程車，會不會很不習慣這樣的生活，畢竟賺這個錢好像不是很多。」

比起那些損失，更想知道當時的心理狀態調整。

「說實在，一開始我眞的覺得開這車賺一百、兩百的，不知道在幹嘛。但生活還是要過，久了也就慢慢習慣。我跟你說啦！人是習慣的動物，沒什麼事情一年、兩年還沒辦法習慣的。你問我爲什麼要開大半夜到天亮，就是要養家，不然怎麼辦，現在五十歲了，工作也不好找。」

很快就到達目的地，兩個孩子很熱情的喊著：「謝謝叔叔，再見！」運將大哥還跟大寶聊了幾句，看起來也是很愛小孩的人。

讀者們一定要記住，龐氏騙局也就是俗稱的老鼠會，就算一開始有給利息，也不代表沒問題，因爲後金補前金的特色，等到有一天撐不住，就會爆開。只有首腦跟早期加入的人會賺，中後段九五%的人都是虧錢。

有幾點要注意：

第一、通常會藉由成員介紹朋友加入，繼續擴大吸金的圈子。

第二、一開始你投小錢，肯定會給你利息，因爲你要它的息，它要你的本。

第三、不要抱著投機的心態，認為自己可以在爆掉之前逃開，這種想法依舊不可取。

我們可以花錢買書，看書學習，提升自我，也可以花錢聽聽各種講座，增廣見聞，這都只要幾百元或幾千元的小錢。

說白了，**許多人捨不得買一本三百多塊的書，卻願意砸幾百萬去賺不合理的高配息，這相當怪異。**

不要讓自己畢生的積蓄敗在「貪」字上。
天下沒有白吃的午餐，
如果要拿到高報酬，那肯定是伴隨著高風險。

這是五十歲中年運將大哥的人生故事，也是確實發生在大約八年前的社會事件。

隨著時間過去，大家會遺忘，而新的類似事件只會繼續上演。

「不要隨便拿大筆資金給別人」，這個鐵律請牢牢記住，方能保平安。

畢大想跟你分享的是——

天下沒有白吃的午餐，這句話從小我們都聽過。但總是有很多人嘗過甜頭，就慢慢放下了戒心。

永遠不要拿大錢給別人，尤其是為了高配息、高利息的想法，常常會讓人失去大量的本金。

而且絕大多數人剛開始賺到錢的時候，會快速增加娛樂開銷，把錢花掉。

由儉入奢易，由奢入儉難，再回頭大勢已去，鏡中人白髮蒼蒼。

2 沾染到賭，財產就像是放在流沙上，隨時會被捲下去

颱風天，在家窩了一整天。

兩寶都入睡後，才恢復了夜晚該有的寧靜。

昨晚搭到一台 Uber，是計程車常見的國民神車 Toyota Altis。

運將大哥戴著口罩，看不太出來幾歲，有點像四十出頭，也有點像接近五十歲。眼神算年輕，但頭髮有些花白，略顯稀疏。

風雨一陣陣的，雖然這趟路程短短的，還是問候一下，隨意聊聊。

老樣子開頭法：

「下雨天客人應該比較多吧！大哥都開到幾點才休息？」

車子裡面放著很濃的芳香劑，其實還眞不太喜歡聞到這種味道，有點不舒服。

運將大哥講話方式有氣無力的，他說：

「有，生意當然有比較好一點，等等開到凌晨兩點，差不多就休息了。我分段跑，早上七、八點上班的人多，我就會跑，之後再休息。明天週六，看這天氣，應該是沒什麼生意。」

「大哥您跑這個多久了？」

看著窗外風雨，還有騎士在送餐，爲著生計拚搏，即便風雨欲來，依舊一如往常。

運將大哥說：

「兩年多了，疫情之後才來跑這個。」

我心裡想應該又是旅遊業導遊，要不然就是做餐飲的小老闆。這兩年聽到的十個有七個是這樣，中小企業跟非科技業勞工眞的過得很辛苦。

心裡這樣想，還是問問看，看是否有猜對。

「大哥您以前做哪一行的，怎麼跳來做這個？」

「我喔？以前做賭場的，給人家請。疫情的關係，生意掉太多，老闆也一直要我們放假，這樣實在撐不住，我就離開了，來開車比較自由。」

運將大哥冷冷的說出這番話。

看來是猜錯了，不是導遊，也不是餐飲。

我疑惑的問著：

「那大哥您以前薪水應該不錯，現在開車會比較賺嗎？」

運將大哥逐一算給我聽：

「我一天加一加，大概跑十個小時，一個月都沒休息。現在Uber系統算很精明，大概就是一小時可以賺三百到三百五。聽說以前比較好賺，不過現在沒有了。我車子是用租的，一天要扣五百，油錢也要扣八百，在外面吃兩餐，總要花個兩百多，所以這樣一天下來，也不過就是賺一千五。」

聽過不同司機的收入狀況，只能說各有不同，不過近三個月來確實這數字算常見。

我接著問：

「您說之前做賭場員工，但現在台北市沒看到什麼電子遊藝場了呀？以前是比較多，但我印象中是很久很久以前的事了。還是，您說的是一群人聚在一起賭天九牌的那種？」

「都有。台北市現在也還是有賭場，只是以前阿扁當市長時都掃得差不多了，現在都跑去萬華，至少可以集中管理，新北的部分則是跑去桃園。我們哪可能掛扛棒（招牌），居民一定會立刻抗議，幾乎都是很低調的經營。以前也常服務一些上市櫃的老闆，我看到有的老闆一個晚上就輸了四、五百萬，眞的對他們那種人來說，也只是小意思。」

我驚訝的說：

「沒想到還眞的有大老闆會去，都當大老闆了還玩這個？跟去送錢有什麼兩樣。那大哥以前怎麼沒想要自己當老闆，開一間不是比較好賺，還當人家員工？」

運將大哥音調略爲拉高說：

「拜託，一張合法的牌，租一個月，行情四百萬，我們這種老百姓哪有辦法。開這個幾乎是穩賺沒錯，但黑白兩道都要熟，不然是不可能的。我一個月領個七萬底薪，獎金就看那個月業績好不好，曾經也有不錯的，領到比底薪還要多。」

不過賭客要怎麼賭，也是隨人高興，運將大哥的獎金抽成也只是碰碰運氣，有時候沒什麼人要玩，就領比較少了。

運將大哥接著講：

「我也曾經當過六合彩組頭，也風光過，內湖跟南港各有兩間房子。內湖其中一間在大湖山莊那邊，你知道吧？以前很多國大代表住的。」

我點頭稱是：

「我知道，偶爾會帶小孩去大湖公園玩。」

運將大哥語氣平淡的說：

「我內湖其中一間是把兩戶打通，你說那坪數有多大？不過後來也是輸光。」

愣了一下，原本以爲是房產大富翁出現，結果竟然不是這樣。

我問著：

「後來您也下去賭了呀？還是去酒店喝掉？」

「不是，我不賭的，我都叫人家賭，酒店還眞的沒興趣，我不去。我是當組頭，被開了大號碼（熱門號），一堆人中，瞬間賠了非常多錢，房子一間間拿去抵押換錢，最後賣光了還是不夠賠，現在內湖的房子是租的。運氣不好也沒辦法，之後也想要重來，但選了兩個點都被鴿子抄掉，就放棄了。」

運將大哥虧的錢不知道是否有超過五千萬。不過當年內湖、南港房子也沒這麼貴，如果是十幾年前虧掉的，可能差不多三千萬。

試著聊別的話題：

「那大哥您有結婚嗎？」

運將大哥依舊語氣平淡：

「離了，小孩跟媽媽走。」

我也不好再多問，只能說不勝唏噓。

我安慰著他：

「沒關係，孩子跟媽媽比較好，至少我們男人一個人也是挺自在的。」

「你要記住，現在很多線上的賭博遊戲，那都是假的，千萬別信。很多畫面都是合成的，有的強調是現場開獎，其實都是假的。就跟你講這樣就對了，賭博別碰。」

大哥還規勸我不要賭博，似乎還有點良心。

我笑說：

「不會，我從小到大賭錢沒贏過，所以一直都覺得很無聊，看到只會打哈欠。只是現在電視上看到一堆賭博手遊的廣告，想想也是滿怪的，這怎麼能播？」

運將大哥也附和，那些誤入歧途的人，跑去玩一玩，輸掉幾百萬，家庭也就破碎了。

很快到達目的地，跟運將大哥說聲再見。

這趟不到二十分鐘的車程，聽了許多不同的見聞。

這位運將大哥曾經賺大錢過，可是這種錢來得快，去得也快。

沾染到賭，財產就像是放在流沙上，一不小心就整個被捲下去。

不可否認，這社會上肯定有些人是靠這個賺到錢，但更多人是沉下去，無法回頭。

人生只有一次，
我們有四十年的時間累積財富，
盡可能走正道，跟正向的人一起，
自然可以順利退休，安養晚年。

與虎謀皮並不容易，
踏入江湖，要回頭就難了。

許多小人物都曾經歷過大風大浪，我們尊重，並且吸取教訓，納爲己用。

運將大哥的叮嚀，不敢忘記。

畢大想跟你分享的是——

生活周遭，總會看到有人用投機的方式賺到快錢，但大家傳來傳去，往往都是記得好的那一面，卻不知道最後結局。

人生有四十年的時間可以工作，累積財富，再搭配良好的理財習慣，有什麼理由不走正道？

這社會的凶險超乎我們的想像。

請記得，不要讓財產放在流沙上面，隨時都可能消失幻滅。

3 投機不是不行，只是大多數人會連上一代資產都賠進去

傍晚跟好幾位大班讀者同學說再見，結束了這個月的聚會。

搭了台 Uber，要從市區返回家。

開車的是位年輕司機，我從後座角度看，原本猜應該三十幾歲，後來才知道已經是四十二歲的中年人。

上車後按照往例，隨口問了：

「今天台北路上人多嗎？會塞車嗎？」

運將大哥說：

「不會吧！看起來很順。」

「最近疫情好像又稍微升溫，生意還行嗎？」

我試著問了幾句。

運將大哥苦笑說：

「已經比之前好很多了，現在生意還行，只是跟五、六年前相比，那差多了。」

「是因爲當時 Uber 剛進台灣，給司機很多好康的關係嗎？」

搭計程車滿多年了，大概也知道以前那段時間的榮景。

運將大哥笑著稱是，五、六年前平台的確給了許多補貼，那時候月收入沒十萬，根本就對不起自己。不過現在這種好康已經沒了，都是要用時間去換錢，就跟一般車隊司機差不多。

其實各行各業都是如此，一定有一段最好的時光。

想一下也就明白了，當時平台如果不用這樣的方式去做推廣，誰會改變自己原本的搭車習慣？

就像現在兩大送餐平台，一開始也是給用戶與司機一堆優惠，慢慢做到趨近於壟斷的程度，現在優惠就少了許多，甚至沒有，司機的收入也是大幅縮水。

「那大哥您當時爲什麼會轉行開這個呀？之前是做哪一行的呢？」

對於每個人開計程車之前的人生故事，往往比較能引起我的興趣。至於現在開車待遇落在哪邊，這比較像是市場調查。

運將大哥語氣平平的說：

「以前喔？我做珠寶業的。」

「珠寶業的收入怎樣都會比開計程車賺吧？怎麼沒做了呢？」

我對珠寶業其實也沒有很懂，但總感覺每樣產品應該都能賺上不少獎金才是。

大哥微笑說：

「現在時代不一樣了，年輕人結婚也不太重視這些儀式。戒指跟鑽石這種東西，本來就不是必需品，如果雙方都覺得去戶政事務所登記一下就好，省下來的錢還可以拿去蜜月旅行，這種趨勢形成之後，就眞的很難賣。」

說得很中肯。的確，現在許多年輕人結婚，都朝向簡單、陽春，把錢省下來就好的方式。

大哥接著補充：

「只有那種家中環境很好的，眞的很有錢的，還是會買這些產品。但畢竟是少數，所以我後來就離開了。」

也不知道聊到什麼，我們聊到了柬埔寨去，大概就是說現在年輕人喊辛苦，月收入不到四萬的很多，難免會被高薪的廣告吸引之類。

運將大哥笑著說：

「這還是少數吧，應該很少人眞的會去相信那種徵才廣告。而且我知道的，大多還是生活水平比較低的，通常是資訊接收有落差的人，才會去相信那些月入十幾萬的廣告。我本身周圍是沒聽說過有人去。」

我問：

「那您是哪邊人呢？現在住哪邊呀？」

運將大哥說：

「我爸媽那代從雲林上來，現在住建國花市那附近。」

我愣了一下，說：

「那大哥您家裡這樣很不錯啊！住在台北市中心，那房子可不便宜，身價很好，您結婚了嗎？」

「沒有耶，想說隨緣就好，一個人這樣過也不壞。」

也難怪這位運將大哥沒什麼被折磨過的歲月痕跡。目前沒結婚，也沒孩子，比較像是個大孩子。

運將大哥用稀鬆平常的語氣說：

「家裡也就這麼一間自己住的房子，就算是在台北市中心，這樣有算很好嗎？」

其實原本有點累，想說隨便聊聊就好，但每次聽到這類講法，忍不住就會多說幾句。

「大哥您也太幸福了，多少人打拚兩輩子，都沒辦法買台北市中心的房子。像我們外地來的，想要買間台北外圍的舊房子，往往就要打拚好多好多年。您上一代有這麼好的基礎留給您，這難道不夠好嗎？」

隨後下了交流道，回到內湖。

我指著路旁的街景，一邊說：

「大哥您看這些老公寓，我們內湖這邊，如果不談五樓，一般來講，二、三、四樓，大概就差不多要一千六百萬到一千八百萬。對年輕人來說，這負擔眞的不小，您說是吧？」

運將大哥這時才顯露情緒，講話有了些抑揚頓挫。

不過他說的話反而讓我有點詫異。

「你說內湖這邊的公寓只要一千六百萬到一千八百萬？有這麼便宜？我以爲也是兩千多萬起跳。」

我苦笑回說：

「畢竟是台北市的蛋白區，不像市中心那麼誇張，所以您知道爲什麼我說您其實有很好的家庭基礎。」

後來司機大哥問我爲什麼不賣掉內湖去住大安區。

我了解到眼前這個人是個幸福、平凡的台北二代，在這樣的背景之下，許多的對話略嫌蒼白而無力。

他並不了解其實自己坐擁金山，也不了解許多北漂到台北生活的人有多辛苦。

運氣好的，可能花了五年、十年落地生根。

運氣不好但夠拚的，可能花了二十幾年才打下根基。

運氣最差，加上努力也還差一點的，那甚至會白忙一場，最後什麼都沒抓到。

過去也曾在文章中提到，並不是每個台北家庭的後代都很富裕，但的確有比較大機率具備比別人好的起跑點，這也是事實。

鳴槍起跑，有些人用盡全力，也有些人不知所措，原地踏步，甚至沾染了一些壞習慣，逐步後退。

這位運將大哥最後還提到他有在做投資。

朋友做短線的外匯操作，賺了很多錢，讓他感嘆這時代就是要做投資才會有出息。

我沒否定這句話，但也知道他誤解了所謂的「投資」。

短線是短線，長線是長線。

通常我們不會把短線稱為投資，

那比較像是一種投機事業，或者稱為短線交易行為。

我客氣的問：

「那您有跟朋友詢問操作方法嗎？」

運將大哥倒是很直白的說：

「我有問他，但這五年來，我也虧了兩、三百萬。已經快要放棄的時候，那朋友又拉我一把，現在我已經比較有感覺知道要怎麼做了。」

很快就到目的地，準備下車。

來不及多問幾句，祝他一切都好運，點了點頭就下車了。

在原生家庭基礎不錯的情況下，其實累積財富的方式有很多，不需要把這種投機當作主要目標。

當然，這是每個人的選擇。

如果未來他依舊要接觸高槓桿的商品，未來他一年又一年的把積蓄拿下去玩，甚至家中的財產也砸下去，那很快也會失去這些因上一代的累積而僥倖獲得的財富。

每個社會小人物都有值得我們借鏡與學習的地方。

畢大想跟你分享的是——

不是每個台北家庭都是富裕的，但都市孩子的起跑點確實比較具備優勢。

當坐擁金山卻不知道如何運用，甚至還用高槓桿的方式投機，那上一代白手起家的累積就白費了。

投機不是不行，只是要設定好停損點，不要連上一代的資產都輸光了。

想要投機取巧，到最後可能什麼都沒有。

4 爸媽沉迷賭博，獨力守護聽障哥哥的運將小哥

投資理財這事，常被人簡化爲「股票投資」或是「選股策略」。隨著年歲增長，加上接觸的讀者也越來越多，會發現根本不是這麼一回事，很多人是很無奈的。

例如有位讀者發問：

「爸爸就是愛玩股票，最近又投入一、兩百萬去買內線股票，說這次一定會贏。該怎麼勸說這樣的爸爸，怎麼辦？」

我認眞回答她：

「這是家庭問題，不是投資問題，不知道怎麼協助妳，眞抱歉。」

請她一定要堅強，好好加油，跟爸爸溝通，用罵的、用念的、用感化的、

用說理的，總之，一定要讓爸爸不能再賭，要不然家中的錢只會不斷變少。

讀者也許會問，這樣的案例很多嗎？

其實還眞不少。

你定時定額買００５０、ＶＯＯ、ＶＴ，可是家裡就是一直出包，動不動就是要你賣股變現。

處理這些家人留下的爛攤子，一定很焦慮。

如果我們總是羨慕那些富二代，或者家中能幫忙出頭期款的，不如想想看，家中沒有未爆彈，其實已經很幸福了。

因爲我們還能萬丈高樓平地起，有人的家庭卻是不斷在掏空地基。

昨天中午跟下午各有一趟很特別的旅程。

前者是曾經在知名法律事務所工作的會計大姊，被上司性騷擾到憂鬱症離職，康復後專職跑計程車，跟我聊了很多步入中年後的單身女子心境。

後者是一位三十八歲女同志的家庭故事。

我先分享後者，未來有機會再補上前者。

傍晚要回家前，我還跟助理說：

「已經連續搭到三位女司機的車了，很特別。剛叫車，看到照片是男生，要不然我還眞納悶，難道最近女司機大增了嗎？好了，我先上車了，再見。」

上車後，我禮貌性的打招呼：

「大哥您好。」

才發現對方是個帥氣的女同。

有時候也是滿困惑，不知道應該稱呼大哥好還是大姊好。算了，對方應該也不會太計較吧！

「今天台北路上塞車嗎？生意怎麼樣？」

想說開個頭，接著就是聽 Podcast 的時間。

這位年輕小哥（以男性稱呼），聲音有比較低沉些，但還是聽得出來是女生，頭髮有設計過，很有型。

他酷酷的說：

「你回內湖有趕時間嗎？」

我笑了笑：

「是沒趕時間，只是老婆在叨念，說小孩在等吃晚飯，很餓了。」

小哥沒多說什麼，有稍微踩油門加速就是。

我永遠沒辦法像他這麼帥氣，這是年輕時的遺憾。

「您假日還出來跑車？全職的嗎？」

「我開很多年了，這是我的本業，副業是殯葬業。有案子接就賺，沒案子就專心跑車。」

年輕小哥是這麼回應的。

「之前搭車也遇過兩、三位做殯葬業的大哥，他們都跟我說從沒遇過什麼奇怪的事，好奇再問您，這眞的嗎？」

想說最近農曆七月，搭個話題也好。

年輕小哥冷笑幾聲：

「就眞的沒有呀！哪有什麼，我們對亡者尊敬就好。這世上活人比較會害人，死人不會害人。」

三十八歲的他感覺經歷過的事也不少，說的也是實話。

「那大哥您住哪邊？台北人嗎？」

年輕小哥回答：

「我住板橋，板橋殯儀館那附近。從小這種事看多了，也習慣了。」

「板橋很繁榮呀，新北第一大區。您這麼辛苦跑車又兼做殯葬業，算很拚的年輕人。」

其實還是滿常遇到很認眞賺錢的年輕人，並不是大家都像媒體說的「躺平」。

年輕小哥又是一陣冷笑，也沒惡意，他用台語說著：

「其實我是田僑仔，可是上一代愛賭博，我爸跟大伯兩個人從小不愁吃穿，我猜那個年代沒什麼娛樂很無聊，所以就沉迷賭博，輸掉了我爺爺好幾間房子。」

我驚訝的問：

「如果沒輸掉房子，那您今天不就輕鬆多了，眞的是很可惜。您爺爺怎麼有這麼多房子？」

年輕小哥繼續說：

「我爺爺那代很樸實，就是種田，因為爺爺很努力種菜，賺了錢就是買地，買了非常多的地，板橋很多地都我們家的。後來板橋這一帶發展起來，自然有很多建商來找我們家合建，所以我們家就有很多房子。爺爺生了兩個兒子，就我爸跟大伯，聽說奶奶以前也愛賭，不過沒賭很大，但兩個兒子就這樣被教出來了，養成這種壞習慣。我爸曾經一年輸掉一間房子，板橋的房子，一千多萬吧！」

聽了實在讓人驚訝，我繼續問：

「您爸爸跟大伯這樣搞掉爺爺留下的房子有幾間啊？媽媽呢？沒有阻止爸爸這樣幹傻事嗎？」

「別說了，我爸媽早就離婚了，我媽也愛賭，兩人各玩各的。我爸有再娶，我媽倒是沒再嫁。我爸跟大伯合計應該有輸掉十間房子。」

聽了眞的很令人惋惜，這樣的家庭好像還不如我們本來就什麼都沒有的家庭。

運將小哥在市民高架上有放緩速度，很沉穩的開著車，一邊繼續說著：

「其實我爸賭成這樣，仍然有幾間房子。他已經有比較縮手了，可是那個阿姨一直想把剩下的房產都吃下來，不想給我跟哥哥。我爸跟她另外生了個兒子，老人家覺得傳宗接代重要，我跟哥哥都沒結婚，也不可能生，只有弟弟才是他的寄望。我現在跟哥哥同住，他是聽障人士，什麼都聽不到，出生就這樣，我媽懷他的時候感染德國痳疹。」

小哥嘆了口氣：

「唉，我是心疼哥哥，照理來說，兒子是聽障，不是應該更加照顧？爲什麼反而想要把財產都留給另一個？」

我安慰著說：

「上一代傳宗接代的觀念還是很重，沒辦法，我們這代已經有所改變了。您跟哥哥都不生孩子，那爸爸當然容易聽阿姨的話。」

「我有個交往十年的女友，我們都靠自己，不敢奢望將來我爸會不會留一、兩間給我們。現在家裡的現金幾乎都被阿姨拿走了，下一步就是房子。如果我哥一無所有，該怎麼辦？」

這個妹妹眞的很爲聽障哥哥著想，聽了十分感動。

「其實您也不要這麼想，也許爸爸走了的時候，還是會按照法規分一份給你們兄妹。到時候如果運氣好，分到兩間房子，瞬間命運又大改變了，樂觀點。」

我是這樣繼續安慰著運將小哥。

小哥若有所思說著：

「我反而覺得我哥這樣什麼都不懂，過一天算一天比較快樂。他覺得財產是爸的，愛給弟弟就給，他沒有也沒關係。我爲他擔憂啊！工作是我爲他到處找的，有時候做沒幾個月就說不想做了，想休息，然後我又要重新幫他找工作。身障人士找工作哪有這麼簡單呢？我還是希望可以靠自己拚拚看一間板橋的房子，至少跟交往十年的女友，還有哥哥，有個安身之地。之前我在永和開咖啡廳，虧了兩百多萬，還好在疫情前就頂讓，有回收七十萬。要不然疫情發生後，肯定沒人接手。」

原來運將小哥之前還是咖啡廳小老闆。

永和那邊也是一級戰區，很難贏。

我心裡面百感交集，跟小哥說：

「我是家裡沒財產，從外地來台北打拚，什麼都要靠自己，運氣算不錯，但也是好不容易才落地生根。您則是家中本來有很多房產，但是爸爸愛賭，輸了一大堆，雖然現在仍有幾間房子，卻不知道未來會不會留一份給您，我們眞的是差異很大的家庭。」

年輕小哥說：

「當然是你這樣比較好，你跟爸媽都是苦過來的，所以跌倒後都能再爬起來。但我爸不是，他輸了就不可能再爬起來。他是這兩年終於賭比較小，手上還有幾間房子，要不然再過幾年一定會去睡公園。我們人還是靠自己比較有成就感。我現在就是跟女友繼續存錢，也有存股，買一些好股票放著，以後存夠了，就買間自己的房。我一定會靠自己走出來一條路。」

到了目的地，我跟小哥說眞的很高興聽到這麼多故事。

祝他跟交往十年的女友未來幸福快樂，也順利在板橋買到自己的窩。

這個妹妹這麼爲聽障哥哥著想，一定會有福報的。

女同志又如何，不能生孩子又如何？
爲人父母不該被傳統的僵固文化綁住。
我看到這位三十八歲的小哥，堅強又溫柔的一面。

這故事我想我一定不會忘記。
這是平凡小人物的日常，也是財富重分配的案例。
大家都在努力做事著，爲社會盡一點力。

畢大想跟你分享的是——

早期有一些田僑仔，因為經濟起飛而富裕，但是當年為了找樂子，往往容易沾上賭博，財產守不住也十分可惜。

這位運將小哥為了手足有情有義，這是金錢也買不到的親情。靠山山倒，盡量靠自己打拚出一點東西，老了也比較有回憶。而且有了一些財富之後，最好還是要找事情來做，才不會因為心靈空虛而沾染各種惡習。這點跟廣大受薪階級想的大不同。

5 想要靠衍生性金融商品翻身致富，卻向下翻轉的銀行理專

最近下雨，搭計程車的機會變多了，要不然，平常用機車搭配捷運，或是走走路，在台北這樣過日子倒也滿方便。

如果是其他縣市，沒有台車還眞的不太方便。

昨晚搭車，是一台看起來不算新的 Toyota。

上車後我收起雨傘，親切問著運將大哥：

「這麼晚大哥怎麼還不休息呀？」

午夜路上沒什麼車，加上下雨，濕濕冷冷的。

這位運將大哥戴著眼鏡，講話感覺像是業務。

他豪爽的說：

「晚上還是有客人啊！我都跑這種時候，不會塞車，開起來比較順。」

「現在這疫情影響，收入有掉三成嗎？」

聽起來這位運將是可以聊的，我繼續問著。

「差不多掉四成，還有六成，已經比去年好很多。去年是只剩下三成，差點活不下去。」

運將大哥說的是實在話，跟我這幾個月以來搭車百來趟聽到的經驗是一樣的。

運將大哥接著說：

「我是覺得這疫情就算到年底也一樣，就是共存了。很多人也都正常生活，這擋不住。當然少部分人一針疫苗都不打，這沒辦法。」

我接著笑著問：

「大哥您之前做哪行的呀？」

「我喔？做過銀行、房仲，現在做這個最輕鬆、沒壓力，不過錢也最少，哈哈！」

運將大哥滿直爽的這麼說。

「銀行不是很穩定嗎？怎麼會離開？很多人都羨慕你們銀行的。」

我試著說出一般小資族的心聲。

「唉唷，我是理專，哪有很穩定，完全就是靠獎金，底薪四萬多，連續三個月或四個月業績做不到，就準備滾蛋了。你知道雷曼兄弟吧？事情發生的時候，業績要多慘就多慘，一堆人都嘛離職。我那時候覺得怪怪的，事情發生前就縮手，沒有推客戶入坑，只賣一些像是儲蓄型的金融商品而已。但是我的業績也無法達標，手收（手續費收入）做不到，就是被檢討到飛天。二〇〇八年那時我就順勢離職了，做了八年。」

原來運將大哥以前也是金融業出身，以前在 Family 那家，我知道那家業績壓力很重。

也許是離開銀行環境久了，沒在他身上嗅到一絲銀行人的味道。

在銀行工作的讀者應該知道我說的是什麼感覺。

「後來去做了房仲，沒底薪的那種。三年前離開了，那時候沒有做得很好。」

運將大哥很坦承說自己做房仲期間業績不好。

我納悶問著：

「這兩年（二〇二〇、二〇二一）房地產市場不是很熱嗎？全台遍地開花，我以為業績會很好做，是豐收年。」

運將大哥說：

「三年前離開的時候，也沒想過後來會變成這樣。現在這房市我也看不懂，真的沒看過這種的。那時候當加盟店的房仲，趴數可以抽五〇％以上，久久一件也是很賺。」

運將大哥悠悠然的這麼說。

我覺得大哥所謂的業績不好，應該也不是真的很不好。印象中三年前，房市已經慢慢回溫，度過冰河時期。

「黃色跟綠色那兩間是直營，有底薪，但趴數不到一〇％。其他間都是加盟，意思就是沒底薪，但是高趴數，有些甚至會用七〇％來搶人。會做的人當然很賺，但我做得普普通通，沒很好。而且後來買房還套牢了，現在每個月壓力很大。」

原來運將大哥剛開始時也是有賺，房子越換越大間，在新北中永和一帶，竟然買到電梯四房加車位這麼大的空間。

六十幾還七十幾坪我有點忘了，總之背了極大的貸款，每個月跟太太兩人只能不斷還利息，寬限期到了，就重複寬限再寬限。

對於台南、高雄的讀者來說，可能會想說四房很大嗎？六、七十坪也不算大吧？

但是在雙北地區，這已經很大了。總價越高，未來要轉手只會越困難而已，才造成了運將大哥至今還是套牢的狀況。

我聽到房子的總價後，驚訝問著：

「大哥您怎麼能借這麼多，這樣壓力當然很大呀。」

「我太太有開了間小公司，掛名負責人，跟銀行都還有些資金往來，所以銀行才願意借，光靠我一個人哪可能借得到。」

大哥開得很快，一轉眼又過了兩個紅綠燈。

其實滿希望大哥開慢一些，應該能多聊幾句。

「如果不是我玩期貨和選擇權，輸了一千多萬，現在哪需要跑計程車。唉唷，不知道這輩子還能不能翻身？」

原來運將大哥還有去碰期貨和選擇權這類商品。

我也直接問了：

「大哥您也玩太大了，您哪來一千多萬輸，這筆不少錢呀！」

「靠，我以前在銀行，好歹每年年收也有兩百多萬，做了八年怎麼會沒有？唉，說白點，就是賭輸了。」

運將大哥語調也拉高不少，道出了以前的慘痛經驗。

快到目的地，只能把握時間，問看看最後一個問題：

「那大哥您有後悔這件事嗎？這一千多萬的事。」

運將大哥那一瞬間有頓了兩秒，然後說：

「這能有什麼後悔不後悔的，當初如果贏了，也是另一番光景。人生哪有什麼後悔不後悔，沒辦法的啦！只希望這輩子我還有機會翻身。」

得知運將大哥今年要五十歲了，還有兩個孩子要養。感覺是個性比較衝動的人。

總之，祝這位大哥每個月都能順利周轉。

對這位運將大哥來說，這間新北中永和的自住房子如果再保不住，後果不堪設想。

槓桿全開看似可以賺比較快，不管是股市、房市、選擇權等等，問題是爆掉的那天，是趨近於零，甚至有可能會負債，連下一代都被拖下水。

資產是累積起來的，
要一飛衝天不是不可能，只是真的很難。
這條險路走或不走，都是自己選的，
請務必三思再三思。

人總是高估了自己兩年內可以賺到的錢，
卻低估了未來二十年可以賺到多少財富。

畢大想跟你分享的是——

衍生性金融商品不是一般人可以賺錢的方式，這是一場零和遊戲，一個人賺走一千個人的錢，跟股票是不同的概念。

即便這位運將大哥過去多年在銀行領過年收兩百萬的高薪，但投資理財觀念走偏了，同樣會在中年時過得壓力沉重。

這不是危言聳聽，而是真實的一堂課，就在我們眼前上演著。

6 朋友重壓股票賺到大錢，自己跟著重壓卻賠錢

昨天去台北車站那附近找朋友吃飯，搭到一台 Uber 滿有意思的。

運將大哥看起來年約五十歲，長一副壞人臉，講話就是那種老實人的講話方式。

上車後我老樣子開頭：

「大哥最近疫情影響，生意有少三成吧？」

運將大哥說著：

「有，說是要共存，可是很多人隔離在家，或者分流上班，那我們就生意變差啊！只能走一步算一步，不然怎麼辦？」

運將大哥這麼回應，聲調平平，沒什麼起伏，感覺有氣無力的。

「大哥您以前做哪一行的？跑來開車會比較好賺嗎？」

「我以前開過飲料店六年，也有在菜市場賣過東西，很多啦！我做過很多工作。」

運將大哥悠悠說著。

我接著說：

「開飲料店那就是當老闆，很不簡單，應該也是滿賺的吧！怎麼後來不開了？」

運將大哥哎呀一聲：

「以前開飲料店確實沒現在這麼競爭，我也曾經有兩家店，可是遇上了食安風暴那一次，雖然公司後來檢驗是ＯＫ的，但網路名聲已經壞了大半，生意掉太多，做不起來就收掉了。」

好奇問了一下是哪一家，運將大哥也沒什麼好隱瞞的就講給我聽，這邊就略過。

「飲料店要給加盟金吧！以前最好的時候一個月能賺多少呀？」

對於手搖飲，那可是台灣人極度熟悉又喜愛的商品，才會遍地開花，永遠都有新的品牌誕生。

運將大哥持續有氣無力的說著：

「以前加盟比較便宜，一、兩百萬可以搞定，現在沒三百開不起來。我曾經一個月賺四十幾萬，快五十萬，兩間店合計的話。」

再次問了是「淨利」嗎？運將大哥說是。

不禁要誇讚運將大哥，這眞的是很厲害的成績。

這樣一年就有五百萬，六年下來，兩、三千萬應該有。

運將大哥吐嘲了我一下說：

「拜託，又不是每個月都賺這麼多，後來就不好做了，還有虧錢的月份你都沒算。不過以前工讀的人比較好找，而且時薪只要一百或一百一，我通常都會多給二十元，要不然你跟別人同樣工資，年輕人一下子就跑掉了。現在每小時一百六十八元，那開店一定要給到一百八以上，你看這成本差這麼多，我是很佩服現在才開店的人啦！而且管人眞的很難，什麼工讀生我都遇過，沒騙你。」

運將大哥回想起當年。

講到管人這塊，那的確是這樣。其實這種小店，人事成本往往是決勝負的關鍵，有些店家就是因爲找不到足夠穩定的人力，就乾脆關了，即便還有獲利也不想做了。

「大哥您幾歲，孩子多大了？」

我猜運將大哥應該是還沒過五十五歲，雖然外表看起來是有一點操勞。

「我喔？今年五十一了，比較晚婚，小孩兩個，都還在念國小而已。」

大哥的眼神就是疲勞加上心事重重那樣，大多數人星期一早上的寫照，只是今天明明不是星期一。

算了，計程車司機哪有分什麼星期一。一個月能休四天都很少見了，月休一、兩天是最多運將的討生活方式。

我也主動說起自己孩子也不大，現在一個六歲，一個才兩歲。

要跟人家交心，也得要掏出自己的內心話。

我又接著問：

「那大哥您覺得當老闆好還是員工好？」

運將大哥難得哈哈笑了一下：

「我覺得都不好，有錢人最好。當老闆那時候，整天都在煩惱生意好不好，人力不足要去哪裡找。還有不是夏天時，生意沒這麼好，那工資還是要一直燒。」

我相信這是運將大哥的眞心話。

「不過話說這麼多年，應該也有賺一些錢才是。大哥還會想要開店做生意嗎？」

「唉，其實也是有想要再做點小生意，可是這疫情這樣，想想就縮了。之前股票有輸了一些，想進去玩一把，還是沒賺到。」

既然運將大哥講到了股票，那自然好奇多問了幾句：

「大哥您說玩股票虧錢，那您朋友應該也很多，有贏的吧！想請教一下，你覺得進股市就是賭啊？」

我誠懇的問了這位運將大哥對於股市的看法。

「不是嗎？有幾個人可以一直贏？輸比較多啦！我們同行一個好朋友，當初他家裡長輩走了，留下三百多萬給他，他有給我看手機，網銀的帳戶，他還眞的股票有賺，帳戶顯示有四千多萬，這就我唯一看過賺大錢的。我那朋友還說之前曾經來到六千多萬，已經有掉下來一些了，幾年前的事了。」

大哥說著這段往事，倒也沒有太多的情緒起伏。

不過我又納悶了：

「大哥您跟那個朋友這麼熟，難道不會想問問看他是怎麼賺的嗎？要是我的話，一定會追問，看是不是有什麼好方法可以學習。」

「就重壓幾檔啊！也沒什麼招，他買了那什麼茂矽還什麼，買十幾塊而已，還有這幾年叫什麼穩懋，我也有點忘了，反正都賺滿大一段的。可是我也學他都重壓，都沒賺，還賠了一堆錢。」

運將大哥講的這兩檔台股，我有聽過，不過實在不熟。

我試著想要安慰運將大哥幾句：

「也許你那朋友後來又輸掉了也說不定，這種重壓的玩法，常常也是贏了又輸，誰知道呢？」

沒想到大哥繼續說：

「他應該是收手了，贏了幾千萬還玩什麼。我看他臉書都是帶老婆去歐洲玩、到處玩的照片，生活看起來過得很不錯。」

好吧，也不知道要安慰什麼了，這種賭性堅強，而且倖存者偏差的人總是有的。

「現在開店做生意，最少都要三百萬起跳，而且眞的有年紀，比較沒膽了。」

運將大哥最後丟下這段話。

我笑笑沒回什麼。

到目的地了，跟他說聲再見，互道珍重。

常常搭車跟來自四方的運將閒聊著，其實是一種樂趣，不單單是聽到開計程車這份工作的酸甜苦辣而已，還能藉此機會聽聽不同的工作領域與人生故事。

其實，我們常常與人互動或閱讀的好處，在於自己只有一種人生，但藉由社交與閱讀，卻可以間接經歷很多種人生。

當老闆或當員工都有優缺點，我認爲還是要看自己的膽量與個性而定。飲料店是血海競爭，不能只看一杯飲料賣六十塊、八十塊，就判定利潤很高，很好賺，還要將店租、人事、投入的工時、本錢計入。

在這個萬物齊漲的年代，將來創業的成本勢必也會持續拉高。

五十一歲的運將大哥隱約還懷抱著再一次的創業夢，只是未來會怎樣，沒人知道。

畢竟中年跌倒跟年輕時跌倒，付出的代價還是很不一樣。

畢大想跟你分享的是——

看別人創業賺錢，或是看別人股票賺到大錢，都會覺得似乎很容易複製，殊不知這只是「果」，不是「因」。

如果沒有前面的鋪陳與積累，又怎麼會有後來的成果？

創業是翻身的一條路，但隨著人力成本的攀升，台灣未來要白手起家創業的代價也越來越大，這是邁向成熟市場的必經之路。

7 月休絕不超過四天，一步一腳印，示範理財的基本功

昨天帶孩子去外面吃晚餐，搭了台 Uber。

車子是 Toyota Altis 的油電車，司機大哥看起來應該四十多歲。

我一邊跟太座聊天，一邊照料著懷抱裡的小寶。

我們聊到花旗（股票代號：C）從以前到現在的許多轉變。以前曾經很輝煌的銀行，尤其在台灣市場，現在卻要逐漸退出台灣區的消費金融市場，這是前一段時間的新聞了。

這時候司機大哥主動開口：

「有啊！我載很多客人都銀行的，我還問他們怕不怕失業，他們說不會啦！有很多家正在洽談要怎麼買他們家的銀行，只是規模真的很大，好像要

弄很久。」

這位司機大哥聲音滿好聽的，笑聲很爽朗，猜想年輕時應該也是異性緣很不錯的男生。

既然司機大哥很健談，那自然就跟他多聊幾句。

我問：

「大哥您開車幾年了？以前做哪一行的呀？」

「我民國八十五年退伍，沒多久就去跑去大陸工作，那時候薪水比較好，有乘以二，不過後來小孩要念書，還是回台灣好了。」

下班時段車潮比較多，司機大哥開車技術不錯，機車不斷衝出來，他還是不疾不徐的聊著往事。

「那大哥您生一個還兩個呀？」

我這麼問著。

司機大哥說：

「我只有生一個女兒，十歲，現在住中和。我跟你說，這台灣薪資真的誇張，當年我退伍的大學起薪，跟現在沒差多少，中國那邊漲超多，有夠離譜。以前那邊我們請一個阿姨，台幣三千不到，幫我們把整個家都打理好，還要煮飯，現在哪可能這樣，真的是時光匆匆。」

聽大哥描述往事，好像是另一個世界一般。

我笑笑問著：

「大哥您現在開 Uber 應該也不錯吧！都全職開好幾年了，如果沒辦法養家，也早就換工作了」

「我們這種喔，就是一直坐在車上，用時間換錢。收入是還可以，就是每個月不要放假超過四天，然後每天一定開超過十二小時，一鬆懈就沒了。」

大哥說的是實話，聽了上百位司機的講法都差不多。

司機大哥主動說了收入還有家庭開銷，也談了每天早上從中和開車到台北市區找客源，早上七點前一定要上福和橋，要不然就會塞車塞爆。只要七點前有上橋，到台北市就輕鬆順暢。

中永和的人口密度那是不用多作解釋，這應該也是中永和生活的一種型態。不過生活機能之強大，也同樣帶來很多商機跟便利。

司機大哥說他每個月賺十到十一萬，老婆也有在上班。他開車的收入扛全家支出，大概剩下一萬不到，主要就是存下老婆上班的那份薪水。假如另一半沒上班，那整個家應該沒辦法存太多錢。

我試著詢問：

「假如生兩個，開銷可能眞的要到這種程度，可是大哥您才生一個，怎麼會這麼多？」

大哥笑得很大聲，他這麼回應：

「拜託，房貸、車貸、三個人的吃穿，車子耗損大，總要維修、保養，加上偶爾的罰單，養一台車也差不多等於是一個孩子，另外小孩的學費、補習費、保險費，還有孝親費跟老婆偶爾也要買點東西的費用，你說呢？沒在唬的，日子眞的是這樣過。反正這些事情盡量不要去想，越想會越可怕，好好一步步走下去就是了。沒算都還好，認眞算才知道開銷這麼大。」

這是司機大哥留下的一段話，讓我非常有感觸。

當了爸媽之後，才會知道這些都不是誇大不實的假話。

房貸一個月三萬五，車貸大哥沒說多少，扣一扣就沒剩多少可以讓三個人生活了，還要強迫儲蓄的話，也只能這麼拚了。

不過，相信辛苦會有收成的一天，大家都是這樣悶聲做事扛過來的。

到了目的地，下車時司機大哥還叮嚀帶著孩子要特別小心，不要滑倒了，相當貼心。

太座也說司機大哥聲音很有喜感，感覺是個好人。

他人的確是不錯，也祝福他，未來會更好。

每個人都在這片天空下打拚。

爲自己，也爲家庭，再不然也要爲了年邁的爸媽。

畢大想跟你分享的是——

出社會沒那麼多閒時間好抱怨，挺得過的人，自然會得到甜美的果實。

投資理財的第一步是存錢，但偏偏大家總瞧不起存錢，讓自己的平常生活「找藉口」進行無意義的消費行為。

存錢是理財的基本功。

這位司機大哥腳踏實地，沒亂花錢，即便月收入還不錯，已經是上班族小主管的薪水，卻還是很謹慎的過生活。

這樣才有可能讓下一代踏在堅實的肩膀上，繼續向上，越過一個個檻，看到不一樣的視野與格局。

CHAPTER 5

【事業篇】

計程車運將的多重宇宙

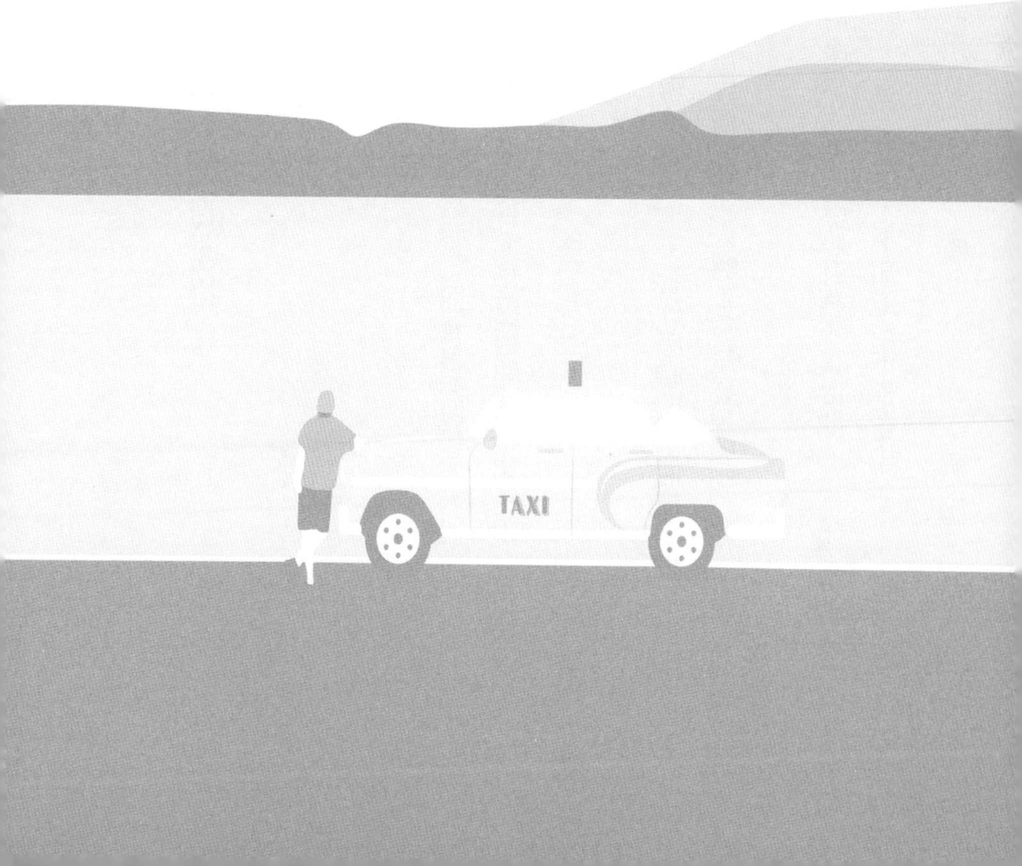

1 用企業經營角度來開小黃的運將

早上搭小黃趕去高鐵站，準備南下。

這位運將大哥斯斯文文的，講話滿有喜感，而且很友善。

我以爲他才開計程車沒幾年，原來運將大哥已經開三十年，現在也快要六十歲了。

運將大哥說：

「我以前會一直開車，想盡辦法賺錢，不管什麼時間，能撐就撐。後來發現這樣不對，換了個方法後就比較輕鬆。人啊！還是要用頭腦。」

我也笑笑的問：

「大哥您是用什麼方法呀？很少看人家跑計程車這麼開心、這麼爽的。」

運將大哥的眼鏡很大一副，頭髮算黑，不知道是不是有染。

「我現在只跑人多的時候，人少的時段，不如好好在家休息，這樣也不容易倦怠，只做最好做的時段就夠。加上我年輕時是做業務的，把搭車的客人當作是接訂單一樣經營，賺的錢不會比上班的人少。哈哈！」

「像現在 Uber 那種平台，難道不會搶到您的客人嗎？」

我疑惑問著。

運將大哥認眞回答：

「我跟你說，他們要被公司抽三成，我們一般車隊沒抽這麼多。加上我路邊看到客人，也能隨時靠邊接人，Uber 就一定要等平台派車，不然也接不了人。也許他們一個月可以穩定賺到一些錢，但我還有妙招，收入不會輸他們。」

我笑笑說：

「我也算常搭計程車，Uber 也常搭，他們普遍都是一個月六、七萬，月休常常只有兩、三天，眞的很辛苦，但也還算不錯吧！」

運將大哥哈哈大笑說：

「我是不便說多少數字，但一定超過你講的數字，他們賺不贏我啦！」

看大哥一臉自信，我相信他月收一定有過八萬。

「所以大哥您還有用什麼方法？」

我納悶了。

「跟你說，因爲我服務做得好，有固定的老客戶會直接打電話要我過去接送。有些客人從台北搭車去桃園，甚至是台中，有的去廟裡參拜，一間間拜過去，一天就過了，這些客人下車時我還會幫忙拿水果、禮品。從台北開去桃園或台中，一天來回，再加上當地換了好幾個景點，那是不是一天下來就賺了不少？」

運將大哥表情相當得意，訴說著行業的訣竅。

「我開計程車不只是傳統的路邊招客，也不只是等車隊派人給我，我還客制化，讓利潤率整個拉高。當客人跟我熟悉了，一定是叫我的車。我稍微給一點優惠，他好，我也好，大家都贏。到目的地的時候，我也不是在車內枯等滑手機，要一路看頭看尾，能幫忙老人家提東西就提。到最後我家水果還一堆都是客人送的，連每個月的水果錢都省了。」

聽了這些我恍然大悟，又增進了不同行業的知識。

我開玩笑說：

「那大哥您有名片嗎？也給我一張。以後我帶孩子去宜蘭玩也可以叫您的車，這樣很省事。況且我也不開車的，你就帶我們宜蘭到處跑，然後看怎麼計費。」

原本以爲運將大哥會欣然給我名片，沒想到他卻說：

「不不不，你看起來就沒很閒，假日還要穿這麼正式出門，肯定不是到處逛廟進香的人。不是我看不起你，是因爲你這單對我幫助不大。要上了年紀、吃飽閒閒到處晃的，那種最好。你就租車帶孩子慢慢開去宜蘭玩就好，不要花這個錢，懂嗎？」

我聽了眞是哭笑不得，這運將實在太有意思了。

到了南港高鐵站，多給運將大哥一點小費，謝謝他教了我這麼多，實在是很愉快的一趟旅程。

運將大哥也很開心，他說：

「眞的不是瞧不起你，別誤會，是因爲想幫你省荷包，不要見怪呀！我也很高興跟你聊。再見再見，慢走。」

當一個人有心要跟你講眞話，即便二十分鐘，都可以講到心坎裡。

當一個人只想敷衍你講場面話，即便過了好幾小時或好幾天，你也沒辦法得到什麼有用的東西。

當有人把很簡單的事情或道理，講得很難、很複雜，那很可能是你沒有取得他的信任，或者是這個人對你另有打算，再不然就是眞的不會教。

當有人把看似困難的事情，用很簡單的道理讓你明白，你要珍惜，因為這是人生中難得遇到的貴人。

這位運將大哥在短短二十分鐘不到的車程中，講解了淨利率、訂單多樣化、市場區隔、如何選擇優質的好客戶、賺CP值最高的利潤等等觀念。

這就是我們日常生活中的小人物，但月收入可絕不含糊。

畢大想跟你分享的是——

這位運將大哥非常細心，把商場上做生意的道理運用在開計程車上。

他盡量把要去遠程的老客戶服務好，陪同這些長者在中南部縣市跑來跑去，如此一來，可以有效節省找客人的無效時間。

而且當長輩習慣了給一個司機服務後，通常就不會再輕易換人，跟年輕人的習性不同，因此生意可以越做越輕鬆。

換個方式想，就當作載朋友去台灣各地進香參拜，自己也順便去放鬆心情，月收還可以滿滿，這是這位運將大哥精彩的示範。

2 一位盡情享受工作與生活的運將大姊

昨天搭到一台計程車，是傳統小黃。

上車看到是位女司機，初估年紀大約五十歲，長髮，有染也有燙捲，身材瘦瘦的，講話還算年輕有活力。

上車後我笑著問說：

「大姊好，以前很少遇到女司機，不過最近連續遇到好幾位，做這行的女司機好像有增加的趨勢。請問您開很久了嗎？」

運將大姊說：

「唉唷，出來賺錢討生活，哪有分什麼男女，而且現在大白天又不是深夜，沒什麼好怕的啦！」

運將大姊講話聲音宏亮有力。

我接著問：

「大姊您住哪？台北還是外地來的？」

「我以前住新店，二十年前搬去桃園。我跟你說，桃園眞的超棒，我很喜歡桃園這個地方。」

其實我對桃園的印象不多，除了以前會去拜訪住在中壢的一位昔日軍中同袍，要不然就是帶孩子去高鐵站旁的 X park 水族館玩，看來只能隨意搭幾句話了。

「大姊當初爲什麼會從新北搬去桃園呀？二十年前桃園應該還沒升格直轄市。」

「我就想說住得舒服很重要，房子比較大，又有大車位，而且桃園到台北也不用多久時間，就搬去桃園啦！新聞說雙北房價漲很多，桃園還不是一樣漲很多。就算漲幅比較小，我住那邊感覺舒服，這才是我的人生。」

大姊很熱心的介紹桃園，彷彿她是推銷員還是選市議員。

我接著問：

「您是住桃園藝文特區那邊嗎？還是小檜溪？」

運將大姊說：

「唉唷，你講對了，我就是住在小檜溪那邊。現在那邊蓋了很多新房子，其實二十年前我過去的時候就很不錯了，該有的機能都有。」

其實我也不知道那邊是哪，只是看媒體報導過。

我納悶的問：

「大姊，您二十年前過去那邊住，房價不就一坪八萬、十萬而已？而且您說那時候已經該有的機能都有，眞的嗎？」

運將大姊音調拉高，彷彿三姑六婆的講話方式，也是很趣味的一位大姊。

「我記得以前買十萬，現在三十幾萬吧！不過也不重要啦，就是自己的一個家，漲到四十還五十，也不關我的事。」

「這倒也是，您孩子現在多大了呢？」

隨口應答了一下，看著窗外高速公路的景色，沒什麼車，眞不錯。

「我兩個都男生，已經二十多歲。小的剛二十歲，還在念大學。前天兩兄弟還在打架，眞是氣死我。我跟你說，小時候眞的要壓住他們，要不然到了這年紀，根本壓不住。」

大姊還自顧自的分享育兒經。

「我也是養兩個兒子，真巧，打架難免的。現在還小，以後青春期我也不知道會變怎樣。」

我接著說：

「大姊您看起來五十歲，兒子卻二十多歲，那您也是二十幾歲就生了，很好命。」

大姊有一點台灣國語，笑著說：

「我都六十歲了啦！我覺得頭髮該染還是染，看起來比較年輕。而且我就是不會胖，瘦瘦的，看起來也會年輕一點。計程車法規規定可以開到七十歲，我是希望可以做到七十歲，能賺就多賺點。」

我大笑著說：

「您不用這樣吧！不會想說到處走走嗎？像是之後開放出國，可以去一些國家玩玩。」

「靠腰，出國玩要摳摳（錢）啦！哪來這麼多錢出國玩。不過我在台灣也有到處玩，去宜蘭、花東、台中、南投，很多地方都去過好幾次，都玩透了。客人包車過去的時候，我都會順便玩個幾天，一邊賺錢一邊玩，我夠聰明了吧！」

大姊眞的是很樂天的人。

「當初我勞保退休金一次提領，沒撐到可以月領，沒辦法，當時缺錢。沒有領很多，不過至少也是退休了。」

大姊沒特別說缺錢的原因，有試著問了兩句，不過她沒講也就算了。

我也陪笑說著：

「養孩子很辛苦，常常都覺得快昏倒了，開銷眞的很大，這沒辦法。」

又問了大姊：

「那您領了退休金，可以做股票投資，很多雜誌都這樣教，應該可以買點有名的績優股放著吧。」

運將大姊忍不住念了兩句髒話：

「靠，沒贏過啦！以前就輸過錢了，講什麼買進抱著就好，賺錢也不要理它，你娘卡好，情緒上來就是做不到啊！靠杯，不可能啦，看到數字在那邊跳來跳去，我朋友每一個都是殺進殺出。什麼買了股票就放十年，那都是因爲套牢所以我才放十年。」

看著大姊活靈活現的講著以前股市的戰績，我只能忍笑，覺得很有趣。

大姊講話很直接，很對我胃口。

快下交流道，大姊沒多說她的先生，也沒多提當初爲什麼會缺錢，只是熱情的跟我說著她家附近看得到白鷺鷥，國小跟國中都是走路就到，講得很眞誠。

這位大姊眞的是很可愛的長輩，改天或許可以找個時間去一趟，看看那一帶到底長怎樣，反正桃園也沒多遠。

大姊六十歲了，生活應該就是勉強過得去，要說財務自由，那是稱不上。大姊說要開計程車到七十歲，也有點太拚。只能說兩個孩子已經成年，看看未來是不是能幫這個母親輕鬆一些。

如果大姊當初沒有搬離新店，也許身價會更高。但住桃園的這二十年來，經濟壓力一定也會比較小，畢竟不同縣市，物價還是有些許的差異。

運將大姊最後跟我說：

「家就是要住得快樂舒服最重要，這二十年很夠本了。下一步就希望身體健康，可以再多開幾年車。」

我準備下車，她又接到一個Case，急忙趕去接下一個客人。

快樂跟錢有很大的關係，但滿足基本需求後，其實快樂是由其他很多因素組合而成，不見得單純是金錢造成的。

這都是過來人的眞心話。

比這位運將大姊有錢的人多得是，但不見得比她快樂。

熱衷於自己的工作，熱情的跟客人互動，眞心喜悅的介紹自己的家。

這是一位樂觀、有活力的運將大姊的日常生活。

很平凡，也很樸實。

畢大想跟你分享的是——

住在哪個縣市都好。生命的長度有限，但深度卻可以無限。

與其抱怨在哪邊生活很辛苦，不如勇敢去找個自己喜歡的地方過生活。

不是每個人到了六十歲都能提早退休或準時退休，但做點讓自己開心的工作，繼續為這個社會奉獻，就不用擔憂退休養老金不夠的問題。

這位運將大姊熱愛她的生活，是很棒的示範。

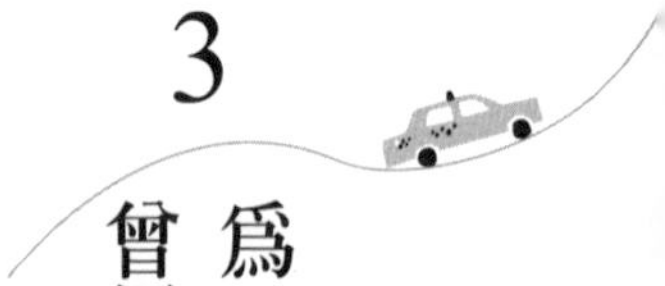

3 爲了錢一定得彎下腰，曾經整晚顧太平間的殯葬業大哥

昨天下午要去市區一趟，跟人家約兩點在捷運中山站附近，結果一點半才出門，看起來有點趕。

搭了台Uber，是Toyota的小車，沒特別提醒司機要開快，畢竟生命安全還是擺第一。

上車後不久，先問了運將大哥：

「大哥你好，請問今天會塞車嗎？二十分鐘會到嗎？」

這位司機大哥皮膚黝黑，穿著短褲，面容看起來比較蒼老些，應該四十幾歲，接近五十歲。

運將大哥面無表情的回說：

「可以吧，不會塞車，應該可以二十分鐘到。」

運將大哥看起來是比較壞人臉的那種，不過不想以容貌去判定一個人，這不一定準確。

我繼續詢問：

「大哥開車開很久了嗎？以前是做哪一行的呀？」

接著就是我聽 Podcast 的時間了。

「我，你說我喔，就是那個……那個，也開一陣子了，開一、兩年了。」

司機大哥略有閃躲的這麼回答。

原本看著市民高架橋外的風景，不禁轉過頭看了看運將大哥，想說這應該不是什麼敏感話題，還是因爲我戴著口罩講話，他沒聽清楚。

於是又問了一次：

「大哥，您說開一陣子了，是兼職的意思呀？」

運將大哥才緩緩吐出說：

「我喔，我做殯葬業的，怕你覺得不舒服。」

「不會啊！處理人家身後事，這是很不簡單的工作。之前我也搭過一台計程車，那司機大哥是跟您同行，下車時我還跟他要了張名片。他是自己開葬儀社。」

講起這段往事，是因爲印象深刻。

這時運將大哥才有了點笑容，可能覺得這客人不怕他吧！

運將大哥接著說：

「我原本是在大公司啦！最近跟三、四個朋友出來自己開，先不請人，比較省錢，自己也沒算薪水。凡事起頭難，大概就是這樣。」

我笑著說：

「那大哥您很厲害啊！出來當老闆。而且看新聞說你們那行業收入很不錯，少說十萬起跳，畢竟不是每個人都做得來。」

運將大哥說：

「哪有這麼多，那是很古早以前的事情了。我做這行二十年了，以前是比較好賺，現在眞的不容易。」

「新聞不是說禮儀師很缺，那是要負責儀式跟誦經那些的嗎？」

我試著提出心中的疑問，記得禮儀師薪水有十萬，新聞確實是這樣報導的。

運將大哥笑得很大聲：

「化妝有化妝的人，念經有念經的人，禮儀師比較像是業務。這樣講你比較懂，就像賣房子的仲介，有人一年兩、三百萬，也有人都賺不到。禮儀師就是看他業務能力強不強，手腕好不好，人際之間能不能處理好，是看這個啦！」

「那大哥您幾歲？當初怎麼會做這行業，滿特別的，通常家人都會反對才是。」

「我六十八年次，當初退伍就朋友揪啊！反正好工作也不容易找，家人是有反對一下，後來久了也習慣了。我們這行業，長輩都會覺得有這麼多工作可以挑，沒必要選這行，其實也是合理。」

原來運將大哥沒這麼老，可能是太辛苦了，看起來顯老。

運將大哥很沉穩的繼續說著：

「你說收入，那是有比外面上班族高，但還是用時間去換來的。像我以前也會整晚顧太平間，有時候忙起來也是三、四天都沒什麼睡。晚上家屬來電就要去處理，隔天早上可能又有另一場要忙，眞的滿累的。如果說這樣有多幾萬塊，那倒是有啦！」

跟其他同年齡的人相比，他的確比較老成，就是成熟許多的感覺。

「大哥，那我問一個問題，您做這個行業，有遇過靈異事件嗎？我們外行人總會充滿好奇，哈！」

運將大哥大笑說：

「沒有啦！很多上節目吹噓的同行，我也認識啊！我猜是節目效果需要，難免要誇張點。我做了二十年，還眞的沒遇過。我覺得心存善念的話，不要不禮貌，不要污辱往生者，那我們也算是幫忙他們走最後一程，他們沒必要來嚇我。」

「那您有聽過同行的人遇過嗎？」

我不死心繼續問。

「嗯，難免會有，一、兩成的人會這樣說，其他大部分都很正常工作，沒遇過。至於他們說看得到，我也就聽聽而已，畢竟我也沒辦法驗證啊！」

說得十分有道理，人家怎麼說，聽聽就好。

運將大哥說剛開始創業很辛苦，於是一邊跑計程車，多賺點錢。

我繼續問：

「您做了二十年，您說早期滿好賺的，錢沒多存一些呀？」

運將大哥苦笑：

「我們這行，以前的確錢賺得很快，但去得也很快。前十年我也常跟同業出去玩，酒店、賭場那是一定會的，壓力大就會想喝。後來覺得年紀也到了，都三十歲了，總不能這樣一直玩下去吧！就開始認眞存錢了。台北開銷大，不存不行，年輕人在台北沒三萬五應該很難活下去。我是沒結婚，一個人飽全家飽。像我哥已經結婚，還兩個小孩，眞的很辛苦，還好他住家裡，省了不少錢。」

運將大哥這麼說著。

「大哥您住台北嗎？」

「我老家在士林。」

運將大哥很阿莎力的回答。

我開玩笑說：

「那大哥您也是天龍人，家裡在台北的環境都不錯啦！」

運將大哥笑笑的說：

「我家也是在山上。不過住家裡眞的可以省很多錢，每個月一萬多或兩萬塊的租金，光這一點就差很多。這也沒什麼好說的，反正就那樣。」

出社會久了，大家也都知道是怎麼回事，起始條件不同，就跟打電動一樣，只是不能重新選角，只能硬著頭皮玩下去。

講再多也是枉然，好好做比較實在。

對於結婚這事情，運將大哥說他順其自然，有結就結，沒有就算了。

身處在那個行業，也許對於生死之事看比較開，大哥說每週生離死別看很多，但偶爾還是會讓他動容，掉下眼淚。

我問是什麼狀況會讓大哥感動流淚。

運將大哥說：

「有些冥婚的，還有些是罕見疾病的小孩走了，爸爸媽媽會製作生前的影片，看了眞的很溫馨，也很感動。現在不管是婚禮或告別式常常都會做影片，我即使已經做很多年了，看了還是滿感動的。」

這趟車程後來小遲到，開了大約三十分鐘。

不過聊了許多生死，也從運將大哥口中，了解他們行業的一些事情。

到了目的地，我祝他創業成功，很高興聊了這麼多。

原本想說生意興隆，但好像不太妥當，就沒說出口。

運將大哥很穩重，外型雖略顯疲憊，但應該各行各業都有這樣的人。畢竟如果要輪班，又要兼差跑車，甚至自己出來當老闆，那氣色要很好也不太可能。

爲了生活，爲了賺錢，什麼事都要彎下腰去做。

社會小人物的日常，總是很精彩。

畢大想跟你分享的是——

每種行業都可能出頭天，就端看能不能找到突破點。社會在進步，早期殯葬業可能入門的門檻很低，但現在也越來越多都要求基本的學經歷。

現在找殯葬業者也不像從前這麼賭運氣，找到好的跟壞的業者，費用可真是天差地遠。現在大多數的費用都已經很透明，塔位才是費用的關鍵。

我們只要活出精彩的每一天，就無懼終老死亡來臨的那一刻。

4 兩岸資深婚紗攝影師，退休後回來開計程車

下午帶著孩子搭上一台計程車。

這位 Uber 大哥看起來有點年紀，頭髮灰白，有點長度，綁了個馬尾。

司機大哥對大寶、小寶滿親切的，有說有笑，看來是位喜歡小孩的運將。

並不是每個運將都願意耐心對待小孩的，這其實也很正常，當爸媽的有時難免都要氣到中風，更何況是初次見面的陌生人。

看這樣子，應該可以跟司機大哥聊一下。

開頭差不多就那幾句：

「今天路上人車多嗎？大哥生意好不好？」

這位馬尾老大哥哈哈笑了一聲說：

「有喔，這陣子人變多了，可能大家看新聞也麻痺了，疫情就那樣啊。」

我接著問：

「大哥您看起來應該是退休了吧！出來跑車打發時間嗎？」

大哥驚訝了一下，說：

「唉唷，你怎麼猜這麼準。是啊，確實是剛退休，每天在家真的很無聊，有在爬山啦，但時間還是很多，就出來開車。」

我笑笑說：

「就常搭計程車，看您這身裝扮，加上頭髮都灰白了，應該也六十歲以上了吧！就胡亂猜一通。」

大哥接著說：

「我六十五歲了，剛退休沒多久。我們這行還真的有不少人都是跟我一樣的情況，閒不下來，太無聊容易生病。」

「那您以前做哪一行的？」

「我以前是攝影師，拍婚紗的。原本在台灣開店，後來去中國，對岸我也待了快二十年。」

這時再看一下大哥的外型並回想一下談吐，確實滿有藝術家的味道，談話感覺也比較年輕。

我接著問：

「那大哥您很厲害，還去中國當老闆，很成功啊！早期婚紗店應該獲利很不錯才對，很讚，您也算是完美退休。」

他搖頭說著：

「你講對一個關鍵，就是『從前』這兩個字。以前好賺，後來大家少婚少生，就沒這麼多可以拍的了。你跟太太也是去中山北路拍的吧！」

我笑著說：

「是呀，以前去拍的時候也是五、六萬塊，眞是捨不得。」

一邊用眼角餘光看著坐在一旁的太座，擔心等等惹怒這種生物，會有全天候的危險。

回想當年，我原本是希望折現，打個七折給太座，但女生大多比較喜歡拍照。

我記得當時說：

「人家都說婚後那整組婚紗照都蒙塵，不知道丟去哪。我們爲什麼不把這個錢留下來，用在更實際的地方呢？」

記得太座是這樣回的：

「不會！我會常常拿出來看，就是要記錄這些回憶。」

加上現場的業務一下說這是人生難得的一刻！又說一生只有一次，結婚是女人一生最美的時刻等等，此時身爲男人不刷卡實在不行。

然後也沒什麼然後，就是一個月後順利拿到信用卡帳單。

我也跟運將大哥說了當年是在哪家婚紗店拍的。

他說那老闆以前也是攝影師，後來才開店，是對姊弟，他認識，他們算是很成功的，每個月賺幾百萬，錢都不知道要放哪。

是呀，台灣人做生意是一流的，這隨著出社會越久就會越清楚。

運將大哥說：

「我以前也是在中山北路開店，後來去板橋，再後來去中國。那邊很多人很敢砸錢，很敢投資硬體設備，店面又大又豪華。我後來也是虧錢，就乾脆退休回來台灣。」

「但對岸的拍攝技術跟美感應該沒有台灣好，您是老師級，他們怎麼會贏？」

我試著提出心中的疑問，聽聽看是怎麼回事。

「唉唷，他們又不是笨蛋，我的徒子徒孫好歹也學了十幾年，該會的都會了，砸錢又不手軟，他們賺很大啦！」

運將大哥是這麼說的。

「話說回來，砸錢做生意又不是穩賺，也是有虧大錢的呀！」

試著安慰幾句，讓運將大哥心裡好受一些，同時也是講實在話，因爲做生意砸大錢並不代表穩贏。

運將大哥說：

「你說的是有道理，但我看他們大多都賺錢，也許是眞的很拚，技術也學到手了。」

「大哥您現在住哪邊？」

「我現在住板橋，早期買的，一坪買不到二十萬，現在應該也有五十萬。但當年也有買其他房地產虧錢。」

大哥這麼說著。

我疑惑問：

「不對啊！這一代年輕人都說你們以前買房穩賺，怎麼還有虧的？新聞罵來罵去，都是講你們賺太大。」

運將大哥正色說：

「哪有穩賺，聽新聞在狗屁。我當時聽了朋友的話，買基隆一個建案，是別墅，一坪快十八萬，後來認賠，賣在十二萬。這筆虧了幾百萬，然後股票也虧了幾百萬。投資一定有風險，哪有什麼穩賺。」

是呀，不經一事不長一智，這都是歲月的痕跡。

很多事情事後看都很簡單，但當下就是看不懂、看不通、看不明。

運將大哥繼續說：

「以前我們婚紗業很多個朋友，每年賺幾百萬到上千萬的都有，可是守不住沒用啊！跑酒店花特別多。後來景氣不好，養人要付薪水，房租也要錢，水電也要錢，這些開銷都是照舊，所以後來很多都垮下來了，誰能料到。」

說穿了，還是考驗人性，考驗到底**「能不能守住」**。

常聽這些老大哥們說這句話。

這其實也是過去在中年人課程常提醒同學的，當我們過了四十五歲後，要慢慢收，慢慢守。

假如還是想著攻擊，卻忘了防守，不小心倒下，虧掉五百、一千萬，想再賺回來，那就是很久以後了。

即便有些人真的有實力或有運氣，賺到了更多的財富，但請試著想想：當我們到七十歲，究竟需要多少錢？難道真的非要數個億才能生活嗎？

一切終究只是泡沫。

大多數人賺不到數個億，而且生活也不需要有數個億才能快樂。

當然，手上沒錢過生活，那也不行。

很快到達目的地，下車時孩子開心的跟司機阿北說再見，我也祝他退休生活愉快。

今天遇到的是婚紗攝影師，雖然退休時不到大富大貴，不過年輕時也是經歷過大風大浪的老闆，有守住一些，比同行的其他朋友好，算很不錯了。

每個年代都有精彩的故事。

畢大想跟你分享的是——

有別於一些上班小資族，社會上也有不少人在年輕時賺到一些財富，卻沒有守住。

因為沒有足夠的自制力，突然來一大筆財富，往往會縱情聲色。好在這位攝影界的大哥最後還是有守住一些，安穩的從對岸回台退休養老。

讀者也許想問：那他為什麼還要開計程車？

其實大家年輕時總想著退休，退休後又煩惱著要找事做，這題應該是很多人怎麼想都想不通的。

5 一點一滴累積股票，早早退休的遠洋大副

台北天氣終於放晴，前陣子陰雨綿綿，還眞讓人覺得鬱悶。

前幾天搭一台 Uber，運將大哥給人的感覺很沉穩。

「大哥您看起來應該還沒六十歲！退休出來跑車的嗎？」

用這種方式開頭，也是一種不錯的聊天方式。

運將大哥微微笑了笑，說：

「我喔？剛要滿六十歲。退休好幾年了，原本計畫要跟老婆出去玩的，現在疫情這樣，就暫時來開計程車，不然也不知道要幹嘛？」

我緊接著問：

「大哥您以前是哪個領域的呀？這麼早就退休。」

運將大哥說：

「跑船的，就是遠洋商船。」

聽到這邊，一股崇拜之心油然而起，這實在是很酷的職業。

印象中，以前有位讀者也是二副還三副，特地在船上搶報名參加我的理財講座，那是很感動的一個回憶。

這是第二次遇到這職業的人。

「大哥您是船長嗎？」

看大哥沉穩的氣質，我是這樣想的。

運將大哥說：

「沒做到船長啦，第二個位置，大副。」

那職階也是很大，開船眞的不簡單。

「聽說跑船都要很久才能上岸，是很辛苦的工作。」

「我們喔，常常好幾個月才能回家一次。以前我們那年代比較窮，只要能賺錢就好。老婆也是忙著上班，都是爲了錢啦！」

運將大哥一句句說著過往的故事。

「不對啊！您老婆也在工作，那小孩誰顧呀？您有生小孩嗎？」

我想到了照顧孩子這個實際面。

「我們以前大家庭，大家互相幫忙，我爸、我媽，還有其他兄弟姊妹都會幫忙照顧。哈哈，就一家人嘛！」

聽得出來他們一家人感情應該十分深厚。

「如果疫情沒發生，您想帶老婆去哪邊玩啊？」

我一邊看著窗外的人車，一邊隨口聊著。

「呵呵，原本是要帶她去沖繩住，我在那邊有房子。只是疫情這樣，也只能延後了。」

運將大哥悠悠的說他在沖繩有房子，這話倒是讓原本看著窗外的我，把目光轉了過來。畢竟在沖繩有房，這聽起來滿特別的。

「大哥，您說在沖繩有房，可是您畢竟不是日本國籍，也不能久居，不是嗎？而且您怎麼會這麼酷，在那有房？要不要很多錢啊？」

我有些好奇的問著。

「沒有啦！一百多萬台幣就有了。以前早期買的，就想說便宜，退休後可以跟老婆去那邊玩，住幾個月再回台灣一次，當初是這樣想的啦！」

運將大哥講起這番話眞是稀鬆平常。

運將大哥有一個兒子、一個女兒，也都長大了。

兒子去英國讀書，後來也習慣了那邊的生活，就留在那邊，暫時不打算回台灣。女兒則在台灣。

「我女兒前陣子在板橋買一間兩房的，好貴，要一千三百萬，我幫她出了五百萬，要不然現在年輕人很難買房。」

運將大哥愛女之心表露無遺。

這就是一個家庭的財務實力。未來白手起家會更加困難，原因就在於這已經是家族對家族的對抗。不只是富人之間如此，中產階級也同樣如此，這將是一個常態。

講到這，我也順便問問以前的跑船人跟現在跑船人，收入有什麼差別。

雖然大家都知道這是高風險、高報酬的工作。

「大概三十年前，那時候一個月就七、八萬。現在一年如果沒兩百萬，應該找不到人。」

「那大哥您有在投資股票嗎？」

畢竟高收入，應該也會做點投資理財。

「有啊！怎麼會沒有，像我女兒買房的頭期款，就是我賣掉公司配給我的股票換來的啊！去年那時候股價都有兩、三百，我就賣掉一些，身上還有留一些。不過那都是以前公司配的，我自己另外小買一些些而已，不多。」

運將大哥這麼說，我想起了二〇二一年航運三雄的盛況。

「那您覺得年輕人現在還要買房或買股嗎？」

用請教前輩的心情，先把自己的頭腦先清空，就會有收穫。

這位當過大副的運將大哥跟我說：

「**其實股票就是一點一滴慢慢累積，找幾家好公司，沒錢也要逼自己買零股，放二十年後，就是一筆錢。**房子就眞的有點貴了，其實也不一定要擠在台北，很多地方都可以住，我們心要放寬一些，到處都可以是自己的家。」

「所以現在台積電還可以買嗎？」

我笑笑的丟出這個問題，通常都是讀者問我這題。

「怎麼不行，就零股慢慢放，有什麼問題？重點是自己的收入要穩定，沒錢，別說買股票、買房，連晚年要顧自己爸媽都有困難。」

運將大哥對於投資理財沒太多花俏的做法，或許在海上航行也沒空管這麼多。

但確實如他所說的，萬事起頭難，如果不好好累積存款、累積資產，那到了五十幾歲，看到人家退休了，就不要有太多的悔恨。

這趟車程還聊了引水人的工作，爲什麼危險，爲什麼要當到船長才能去考，以及收入爲什麼超高？

大哥說，因爲各港口的地形變化一定要當地人才知道，船長也未必知道，所以要交給引水人接手。

能認識這位航海王大哥，也眞是人生樂事。

社會上許多平凡小人物，有著不平凡的歷練。

透過閱讀與社交，可以體驗不同的人生劇本，這才是我們閱讀的意義。

畢大想跟你分享的是——

有別於上一代，現在的工作方式很多元，但不變的是那份吃苦的精神。

時代雖然不同，但每個人都想要過比別人更好的生活，那勢必要做更多的付出，這點是不會變的。

股票是一點一滴的累積，現在又有大盤指數ＥＴＦ可以利用，就這麼存著、存著，二十年後要不賺錢還真有點難度。

時間是我們最好的朋友，所有日常看到的大盤指數起伏高低，都會隨著時間而慢慢弭平。

6 做過當鋪老闆、看盡社會底層心酸血淚的運將大哥

前天從高雄回台北，高鐵到站後，趕著回家，就叫了台 Uber。

這位運將大哥看起來略顯福泰，皮膚很白，穿著輕鬆的短褲加上 T 恤，應該是四十幾歲人，還沒五十歲。

上車後打過招呼，問了一下：

「大哥您好，今天台北路上有塞車嗎？」

這位大哥外型有點像電影《食神》中的壞人角色唐牛，滿有喜感的，講話方式也很隨和。

他回著：

「星期天喔，市中心比較空，大家往外圍跑比較多。疫情影響就是這樣，

不過路上也不怎麼塞。」

我接著問司機大哥：

「疫情影響的話，開 Uber 收入不就差很多。您一個月都休幾天呀？」

大哥先是哈的笑一聲，然後一派輕鬆的說：

「我每個月大概休六天。這個沒辦法啦！收入一定會掉，大家都改成騎車或開車，都嘛是求一份心安而已，其實遲早要共存。我可能之後就回雲林老家吧。」

原來這位運將大哥也是來台北打拚的北漂族。

「那大哥您之前做哪個行業的？之後回雲林，工作好找嗎？」

我一邊滑著手機，看著剛剛才說再見的高雄同學們寫來的信。

運將大哥說：

「我之前是做當鋪的，兩年前才收掉。回雲林就先幫我爸收租、管理房子吧！畢竟他年紀也大了，體力不夠。」

聽到這邊我精神來了，手機就先擱著。

總是喜歡聽聽社會上不同領域的事，我納悶的問：

「當鋪？這不是要很有錢才能開嗎？而且好賺嗎？我看路上那些當鋪，都沒什麼人進去。」

運將大哥說：

「你嘛幫幫忙，會來跟我們借錢的，通常就是銀行那邊不想借給他們，來的話自然比較低調，甚至不想被人看到，難道還會在門口大搖大擺的排隊給你們看喔？至於說開這個要不要很有錢，普通啦！後面有金主，我只是插股份，然後做管理。」

「那冒昧請教一下，開這個需要兩千萬嗎？」

我試著問問看，如果沒得到答案也無妨。

運將大哥說：

「一千多萬就可以了啦！除非你要開很大的。貸款出去的錢越放越多，客戶也越來越多，那當然需要更多錢，我們就要增資。」

「那爲什麼後來不做了呢？」

運將大哥詳細說給我聽：

「經營當鋪有很多技巧，有些人會賴皮，我們還是有方法讓他把錢拿出來，可是生意不好的話，就眞的無解。舊的客戶陣亡後，新的客戶進不來，久了覺得難賺，大家自然就拆股不做了。」

「現在銀行借款這麼氾濫，利率也不高，是不是跟這個也有關呀？眞的還有人在跑當鋪嗎？」

常會接到銀行信貸的電話，往往電話還掛不掉，讀者應該都有這樣的經驗。這就代表銀行的資金相當氾濫，需要找出口。

大哥笑著說：

「你不知道，有些人拿車來貸就算了，有人窮到拿腳踏車來，只爲了那兩、三千塊。什麼人都有，這社會上窮到爆的人還是有的，雖然有錢人也很多就是了。舉例來說，我們放款十萬，一個月利息就是九千，而且是先拿。也就是來借十萬，只會給你九萬一，下個月如果你有錢要還清，還是要還我十萬。每個月利息九千，就是一個月後你還要再給我九千。當然每家當鋪利率會有些不同，但我們買執照也是要百萬，跟地下錢莊是不同的，有政府立案。」

我笑著說：

「可是我覺得這樣利率還是很可怕，跟地下錢莊沒兩樣，不是嗎？眞的很驚人。」

運將大哥立刻糾正我說：

「不對，不對，我們這個是政府立案，要照規矩來，訂利率有個範圍。那種連我們都不想借他錢的人，就會去找地下錢莊，後來眞的很慘，因爲那個利率是我們的好幾倍。我就曾經有客戶蠢到跟我們借錢後，又跑去跟地下錢莊借錢，那根本完蛋了，我馬上過去罵他，叫他先還我錢。如果我不先跟他討錢的話，以後他人死了怎麼辦？這一定還不出來了嘛！懂嗎？」

我們聊了很多，是很難得的一趟旅程。

大哥提到，討債有很多手段，這年代要使用暴力很難，因爲到處都有攝影機。主要就是利用家人擦屁股，兒子在外面闖禍，爸媽通常都會拿錢來還，誰也不想爲了那幾萬、幾十萬，搞得家裡不安寧。

然後爲人父母的會丟下一句：

「以後別再借錢給我兒子，我不會再管了。」

江湖道義上，他們通常就不再借錢給那個人，要不然家人眞的不再擦屁股，也是自己活該。

如果借款人死了，也就認了，但還是會把死訊傳給他家人。

有些爸媽還是會爲兒子還清債務，拿回欠條，象徵著至少無債無憂離開人世間。

遇到這種，業者就當作賺到，撿回一筆款項。

跟運將大哥聊得很愉快，很快就到家了。

下車前我問了最後一個問題：

「那去借錢的通常是男人還女人？」

運將大車想了一下：

「男人還是比較大比例，因爲喝酒、賭博，這種都很常見。女人也是有，比較少，比較不敢像男人一樣賭太大。」

到家了，也祝他之後回雲林財運滾滾。

這社會是殘酷的，跟銀行都借不到錢的人，就會找當鋪或一些融資公司，再不行就是地下錢莊，最後就是命一條。

社會上窮人還是很多，盡可能別讓自己走到絕路。

不要賭博，不要酗酒，降低槓桿，基本上中產階級就不會走到這麼地獄的階層。

「沒有錢，到了中、晚年，就是死路一條。如果對這事有任何的懷疑，去當鋪工作半年應該就醒了。」

我們都要了解社會的殘酷。

這是運將大哥最後跟我說的一段話，也分享給大家。

畢大想跟你分享的是——

財富人人都想要，但自己要有自覺，如果能力撐不起想要的生活水平，那往往就是一場災難。

現在貧富差距M型化，有些人衣著光彩，其實負債累累。

管理過當鋪，看過許多人，運將大哥結論說得很好，去當鋪工作半年，就會知道社會上的中低階層到底是怎樣過日子的。作為警惕，也是很珍貴的一堂課。

絕對不要掉進地獄的最好方法，就是一開始就遠離危險的投機行為。

CHAPTER 6

【終點篇】

我們都年輕過，有一天也會老

1 退休之後，花的錢到底會變多還是變少？

人到了退休之後，花的錢到底是比較多還是比較少？

關於這問題，以前聽一些長者的分享，大多都是「會越來越少」。因爲孩子長大了，會自力更生，本身也因爲年長，待在家中的時間比較多，開銷自然會比較少。只有少數零星個案，像是生病，或者爲了幫兒女出一些頭期款或房貸，開銷才會變大。

我也一直是這樣想的。直到最近跟幾位友人聊天談到這個問題，才有了些不同的想法。

其中一位朋友這麼說：

「其實有錢開銷就會變大，比較沒這麼寬裕的，自然開銷就會減少。」

另一位說：

「其實老年生活要怎麼規畫，現在的人越來越有想法，不再只是窩在家中轉遙控器或睡覺，我也認同開銷會變大。」

「可是，養兒育女的過程中，同時要背負房貸或房租的壓力，一邊還有車貸與教育費，到了六十歲如果沒太多存款，那也沒辦法不是嗎？」

我提出疑問。

第一位友人接著回答：

「是呀！這就是我們這一代未來的社會縮影。因爲貧富差距擴大，本來就會有更多元化的退休生活方式。很多人工作三十幾年，好不容易積累一些財富，終於退休，可以好好享樂，開銷變大應該是可預期的。」

國人的退休年紀，與日、韓、美相比，算是比較早的。

日本七十歲，韓國七十三歲，美國六十五歲，台灣則是低於六十歲。

對照一下身旁一些已經退休的長輩，這還滿有參考性的。

如果你問身旁的人，工作到七十歲好不好？相信會得到不少噓聲。台灣人比較喜愛的模式，往往是年輕時拚了命做事，先苦後甘，到了中晚年，就能比較早退休。

台灣其實有不少人五十歲就退休離開職場。

過去搭了無數趟計程車，也發現的確如此。

除了少數早年借錢玩股票大賠的、跟朋友合資做生意被跑的、自己開公司倒閉的，基本上，安穩上班還是有安穩的好處，不能說只有壞處，這是不公允的說法。

安穩上班要發大財是真的有困難。就像公務員，也許不能大富大貴，但確實不少人都過著恬淡安逸的晚年生活。即使現在退休俸被改低了，也還過得去。

遇到無數司機，跟他們對談得知，反而比較多人都是因爲太早退了，在家待了兩、三年，整個身體出狀況或太無聊。

人太閒容易出毛病，這話以前年輕時只覺得狗屁不通，誰不想要整天在家追劇、睡覺、跑步、運動等等。

但想像是美好的，現實卻是殘酷的。

很多運動習慣都是年輕時養成的。

年輕時也許眞的都把時間放在工作上，這十分正常，但一週花一、兩個小時去跑跑步、在家做做體操都沒辦法的話，那年紀越來越大，卻幻想自己可以天天去運動，彷彿全身的肌力用講的就練出來了，那看在有在健身的人眼裡，也只能會心一笑。

不要低估了二十、三十年後的物價，
不要高估了二十、三十年後自己的體能，
更不要忽略了「各種習慣的建立」。

時代的變化很快，唯一不變的是運動會喘、會累、會流汗，但也會讓身體在運動完後得到舒暢感。

聽了很多人在工作忙碌之餘，還不斷用更多的影音娛樂來陪伴自己的空閒時間，其實有些可惜。

慢慢調整生活習慣，自然就會有不一樣的感覺。

財富是為了讓我們晚年有更多的選擇權，
有更多的醫療資源可以使用。

運動則是無形的財富，
讓我們即便到了六十歲之後，
依舊能夠活蹦亂跳，
實現年輕時未完成的夢想。

我們要當個健康又有錢可以享受退休生活的人，而不是「必須盡可能待在家」「必須縮衣節食」「節省水費、電費、瓦斯費」以確保錢夠用的老人家，這是沒錢才不得已的選項。

假如可以的話，六十歲應該還有很好的精神，讓自己樂活到八十歲，甚至九十歲。

財富與健康我們都要盡力追求，學著如何更有效率的運用時間。

這是受用一生的實在話，不是什麼心靈雞湯。

畢大想跟你分享的是——

正常來說，大多數人的模式都是退休後開銷會變少。那是因為大多數人還沒有達到財務自由的階段，就已經來到職涯的最終站。例如六十或六十五歲，到了強迫要退休的年紀。

退休有高品質也有中品質的過法，就是不要讓自己變成低品質。因為往往會連帶健康，什麼事情都用「省」的角度去看，這樣也不好。

假如可以繼續為社會奉獻一點心力，六十五歲之後還是有人會去找點事來做，多少增加一點收入。這也是一種延緩老化的方法，還能讓存款數字下降慢一些。

2 甘於當夾心餅乾的運將大哥，對父母孝順，對女兒開明

中秋連假第一天，沒看到太多戶人家在烤肉，也許明天才要用力烤。各地風情不同，我們內湖這邊比較像是親子育兒區，大家都早睡也說不定。

下午原本要叫 Uber，可是加成費用太高，改叫了一般小黃車隊的車，帶全家出門走走。

來了部少見的 Toyota 老車款，車子滿大台的，空間很寬，乾乾淨淨的。

想說試著聊聊，便問運將大哥：

「大哥您以前是當導遊的嗎？開這種車感覺很像帶人自由行的。」

運將大哥戴著墨鏡，畢竟下午陽光還是有點刺眼，年紀目測應該五十歲出頭。

他笑著說：

「沒有啦！我以前是貨運司機，後來體力眞的不行，一直這樣搬貨也不是辦法。加上我阿母中風，我跟大哥要輪流照顧，就改開計程車，時間上比較有彈性。這台車是我哥以前爲了接送小孩方便買的，小孩都長大成年，就便宜跟他買下，只是眞的耗油，貴死我了。不過大車也有好處，像是帶我媽去看病的時候，後面總要有個人陪，要不然老人家臨時身體不舒服，在高速公路上我也沒辦法轉身去顧。而且老人家裝備多，這種大車就好很多。階段性任務啦！以後有機會再換車。」

運將大哥算是很親切的人，操著流利的閩南語，我也國台語交雜著跟他對話。

我接著問：

「大哥您爸媽幾歲了啊？您有五十歲嗎？」

運將大哥說：

「我五十六年次的，我爸八十九歲，我媽好像八十五歲，現在正是需要我們照顧的時候。以前我爸媽也是幫我照顧兩個孩子，他們也沒剩幾年了，我們做晚輩的就是要做好這些事情。」

「原來大哥您五十五歲了呀？看起來精神很不錯。而且您很孝順，眞是不簡單。」

我說的也不僅僅是客氣話，因爲照顧年邁父母的確辛苦。

「您說還有兩個孩子，那應該也大了，出社會了嗎？」

想說聊聊小孩，這是拉近人與人之間的好話題。

「我兩個女兒，老大兩歲的時候，老婆就跟我離婚了，所以都是阿公、阿嬤在帶，我是很感謝他們啊！因爲開貨運，時間眞的很少，年輕時只能拚命賺錢。我都跟兩個女兒說，不用管我這個老爸沒關係，可是阿公、阿嬤一定要好好照顧，有空就多陪陪他們。她們都二十多歲了啦！早就在工作了，大的在台中跟男朋友發展，小的留在台北。」

運將大哥很阿莎力的說了陳年往事。

「大哥您現在住哪邊呀？」

運將大哥用流利的閩南語說：

「我家在三重埔（新北三重），女兒跟我爸媽住，我自己住泰山。從小就三重埔長大。」

三重人一向很阿莎力，印象中許多三重的司機都很親切，也難怪運將大哥的閩南語口音這麼道地。

我接著問：

「您說女兒出生沒多久就離婚，是因爲太年輕就結婚嗎？這樣您眞的很辛苦，跟兩個女兒溝通會有話聊嗎？」

運將大哥說：

「以前年輕不懂事，那時候都不到二十歲就結婚有了小孩。大家都不成熟，前妻也還想再玩，我氣得說要走就走，要離就離，哪知道眞的就走了。也沒有很辛苦啦！剛不是講了，都我爸媽在照顧這兩個孫女，我沒什麼在顧啦！開車搬貨都來不及，眞的很累。不過好在女兒跟我還有話聊，我是跟我女兒說，自己要好好照顧自己，壞事不要做，因爲我這老爸也幫不了你們什麼。如果吸毒，那就是抓去關。我們生活苦一點沒關係，缺錢回來找爸爸，我多少也會拚出一點來給你們吃飯。反正我也沒在管他們年輕人，所以兩個女兒跟我還算有話聊，不會跟我有距離感。」

感覺得出來這位運將大哥算很開明的爸爸，雖然沒念過很多書，也沒賺很多錢，還有一場破碎的婚姻。

我笑笑問著：

「會勸大女兒趕快跟男朋友結婚嗎？讓您當阿公抱孫之類的。」

運將大哥載著我們在高速公路上奔馳，一邊揮著手說：

「我不會逼我女兒結婚生小孩。我自己都婚姻破碎，有什麼資格要女兒結婚？她們自己選好就好，以後才不會怨我。她現在跟男朋友在台中打拚創業，要不要結婚都不關我的事，我只跟他們說要看清楚，選好了就別後悔。成熟穩定了，想結就結，不想結也沒關係。」

運將大哥這話說得有點酸澀，但也是事實。自己的婚姻不甚好，還催促孩子結婚似乎也很怪。

運將大哥接著說：

「夫妻是這樣，不要男的凶女的，以爲自己在罵女兒，女的也不要吼男的，搞得自己好像在罵兒子。互相就是要溝通，氣氛不對就先去睡覺，明天起床再看情況溝通。有時候睡一覺起床，也忘了昨天是在吵三小。千萬不要以爲自己是在爭輸贏，我們時間也沒剩多少，是要爭什麼輸贏？婚姻經營很難。大女兒跟她媽媽還有聯絡，可是後來我前妻再嫁，我就叫女兒不要再去打擾，以免影響人家的家庭生活，這就不大好。」

「那大哥您沒再娶嗎？」

「我自己是沒再娶，現在就找個女友，有個伴而已。很少有女人願意照顧別人生的孩子，我們就自己扛起來，等孩子大了才找女友。」

我們聊得太開心，下交流道後還轉錯方向，我也沒注意到，不過無妨。大哥說他開車其實也很苦悶，因爲生活都是在車內這個小空間度過，但計程車這個職業至少要撐到爸媽安心離開爲止。

運將大哥說，幸好自己還有個大哥，兄弟倆輪流照料中風的媽媽，要不然一個人的話，會更辛苦。

「每個月扣完油錢，賺沒幾萬，如果還要花錢找外傭照顧，這樣子開銷眞的打不平。我們這種做勞力的，過五十歲體力差非常多，不跟你開玩笑，最近還有高血壓。現在開計程車勞動量比以前少很多了，以前還要搬貨，後來實在做不動，沒辦法。」

下車時，運將大哥說了這段話：

「也不是說什麼孝順不孝順，只是人就是互相。他們從前把我們養大，這時候我們就是要照顧他們老後的最後幾年。這種事情就是這樣，哪有什麼大道理。」

我笑著跟他說中秋節快樂，祝他一切都好。

社會上不是每個人都能有舒服的退休生活，五十五歲還在爲三餐打拚的人也很多，這個年紀也是年邁父母身體陸續出狀況的時候。

運將大哥雖然沒念過什麼書，不過經歷過這麼多風雨後，說出來的話也很有一番風味，吐露育兒與婚姻的苦澀，也蘊含不簡單的孝順之道。

相信這位孝順的運將大哥會越來越好的。

畢大想跟你分享的是——

年輕時總會衝動、血氣方剛，如果不幸犯下大錯，往往之後要用數十年去彌補。

做人難免會犯錯，但我們盡可能從別人的經驗中學習，少犯大錯就好。

家庭和樂，財富也才會持續累積。

別忘了，四十五歲到六十五歲這階段就是夾心餅乾，老父母親還等著我們照料。

3 人生是場馬拉松，要持續凝聚心理強度，努力跑下去

今天去市區，路上人車都變多了。可能是天氣終於放晴，大家都出來晃晃，透透氣。

搭了台 Uber 就趕緊出發，前往今天的大班分享會。

這位運將大哥頭髮很白，年紀稍長，應該有六十歲了，笑瞇瞇的，就算戴著口罩也看得出來應該是滿和善的人。

上車後很自然的直接問：

「大哥今天路上人車多嗎？有點趕時間，兩點二十有沒有辦法到？」

這位運將大哥的姓氏很特別，是外省姓，稀有程度大概就是寫出來當事人可能會被認出來的那種。想想還是留在我的手機帳單裡面就好，別造成運將大哥的困擾。

他說：

「這兩天好天氣，路上人車眞的有變多，不過還好，不會塞，應該很快就到。」

「大哥您看起來應該是退休年紀，孩子也大學畢業了吧？」

「是啊！我六十歲了，但沒退休，哈哈！還是要吃飯過日子才行。就一個小孩，也已經出社會工作了。」

運將大哥滿爽朗的，皮膚算白，雙手手背上倒是滿滿的皺紋。

「大哥您以前做哪一行的呀？看起來有點像旅行社帶團的，有講對嗎？」

覺得這位運將大哥氣質滿陽光的，笑聲也很清脆。

「是呀，這疫情影響太大了。原本還有在帶國內團，但畢竟還是不穩定，這半年才來開車，看能不能好一些。其實這疫情，我載這麼多客人，年輕的上車都不太在乎，老年人才會比較擔心，消毒動作非常多。」

運將大哥繼續講著這幾個月的事情。

我問他：

「大哥您以前做旅行社，早期聽說很好賺，應該也賺不少！那時候的模式好像都會勸客人多消費，才能抽最多的傭金，生活應該是很好過呀？」

運將大哥笑著說：

「你講的是很久以前的事情了，那時候眞的不錯，可是錢沒留住也沒用。哈哈！這輩子走來，有些事情到了五十歲才知道，眞的也晚了。」

「您現在住哪邊？」

想說有些人自稱過不好，結果丟一句「我住大安區」，那種就眞的讓人不知要說什麼好。

「我住汐止，以前住過很多地方，現在覺得房價太貴了，也不會買了。你知道嗎，汐止現在也不便宜耶！」

運將大哥這麼悠悠的說著。

我笑著說：

「這樣很好啊！以前那個年代，房價便宜，房貸早就都還光了吧，眞的很好。不像現在年輕人要面對這些壓力，很辛苦。」

運將大哥突然來了一句：

「沒有，我跟爸媽住，不是我的名字，而且還有兄弟姊妹，以後也不會是我的。年輕時不懂事，買過幾次房子，有賺就賣掉，有的則是虧錢，手上有錢就花光。十五年前覺得房價到頂，因爲少子化這麼明顯，薪水又跟不上，我賣掉後就再也沒買房了，哪知道現在變這樣。」

六十歲的運將大哥講出這些往事。

實在也令人惋惜，明明就是上個年代的人，怎麼會沒留住一間自住的房子呢？

我有些疑惑的問：

「不對呀！三、四十年前，你們那一代不是都買了房子就住到現在，這才是最常見的，怎麼會有賺就跑？您眞是太特別了，比較少聽過。」

運將大哥苦笑著，戴著口罩都能感受到那份苦。

「就以前還住市區的時候，想說假日會往郊區跑，於是都買很偏僻的地方，比較山區那樣，當作小度假。這種夢想式的生活用想的都覺得很棒，等到自己眞的這麼幹的時候，媽呀！一下子就累了，根本就不想去。然後要賣就是虧錢賣，就這麼簡單。還有一次是預售屋，錢都付了，什麼工程款，一堆有的沒的都付了，後來建商跑了，換了另一個建商。」

我大驚：

「該不會新的建商也跑掉？」

大哥接著說：

「倒也沒這樣，只是當時很混亂，我看了新的格局，根本和當初簽的都不同，很多原因啦！總之，我就當那一百萬打水漂，最後沒買就是了。」

「大哥，三十幾年前的一百萬數字不小，應該相當於現在的兩百多萬。」

把實質通膨算進去，也許兩百五十萬都有可能。

白髮蒼蒼的運將大哥繼續說著：

「以前當導遊，眞的很多年都有百萬以上，年輕時也曾經過得很優渥，反正到處旅遊，覺得居無定所很好，要房子做什麼。後來收入掉太多，而且花太多了，現在就變這副樣子，哈！」

「您以前賭博輸掉的嗎？」

我心想，三十年前，有百萬年收，卻沒守住，不外乎就這幾個原因了。

「沒有，我不賭博。」

運將大哥揮揮手，簡單說出這番話，一邊打出右轉方向燈，切了個車道出去。

「那大哥您玩股票嗎？」

這是第二個常見原因。

大哥笑笑說：

「這倒是賠了不少。以前哪懂什麼財報，還上網做功課，都是朋友報牌，或是看電視講講我就買了，也不知道自己買了什麼。總之就是亂買，真的虧不少，現在不敢玩了。」

「敢問大哥，您當時有虧到兩百萬嗎？」

「有，超過一些。」

大哥也很坦然的說出這段回憶。

不過算了算數字依舊不太對，即便股票輸了些錢，也不至於到六十歲會搞成這樣。

那應該就剩下最後一個原因了。

「大哥您以前跑酒店玩很大啊？」

其實看不太出來運將大哥是這種類型的男人，但也只剩下這個理由可以讓他把錢花光了。

「唉，這個……這個，要怎麼說，對啦！對啦！以前就是愛喝酒，錢賺得快，跑酒店的次數就多，覺得錢再賺就有，怎麼知道時機財過了就沒了。」

大哥笑瞇瞇的講起這些糗事。

我心中還是有點驚訝，因爲這位運將大哥看起來斯斯文文，很和藹可親的一位長輩，實在看不太出來是這種類型的。

後來想想也罷，的確不少男人會栽在酒店溫柔鄉。

運將大哥說他過去最高曾經一年賺到兩百萬。

試想在以前那個年代，每年有一、兩百萬的收入，那應該很優渥了。**但是錯誤的理財觀念，加上沒有良好的自制力，錢就是溜走了。**

最後快要到目的地時，想說安慰他幾句：

「大哥沒關係，您孩子也大了，看之後能不能拿點孝親費給您，您自己再加減跑一下，生活應該還過得去。」

運將大哥噗哧笑了一下說：

「我孩子比我還窮，年輕人薪水這麼低，養自己都有困難了，哪可能養我，不可能啦！」

運將大哥問我是不是金融業的，我反問：

「您怎麼知道？」

「哈哈，從對答中滿明顯的。我有些朋友也會跟我說這些，只是晚了，五十歲才知道這些有點慢了。你很好，早早就知道很多事情，以後才不會像我這樣。」

運將大哥最後說：

「現在不求什麼，每天平安一天過一天就好。到了這歲數，也沒什麼好奢求，就當走過了一遭。」

到了目的地，我很感謝運將大哥分享他的人生，祝他有個愉快的星期日。

這不是什麼很特別的案例，很普通的中產階級往下摔落的故事，寫這些生活日記可以提醒自己。

就像很多讀者也明白投資理財的眞義，但還是常常來逛逛我的文章，無非就是凝聚心理強度，讓自己不要懈怠，才能勇敢的去面對每一天。

人生是場馬拉松，一直都要努力跑下去。

社會小人物的故事，不是什麼了不起的商業故事。

別人懊悔的事，我們不需要親自體會過，同樣能從中獲得啓發。

畢大想跟你分享的是——

這是位很有福相的運將大哥，他也說很多人都這樣講。

年輕時賺到的錢，買股、買房都賠錢就算了，還讓娛樂費用無止境的提高，把家財散盡。

這不是三十年前年收入一、兩百萬的人會想到的事，但事情就是發生了。

賺到還不錯的年收入之後，請務必花點時間或小費用學習投資理財這檔事，才能保晚年無憂。

4 曾是酒店老闆的運將大哥，述說著人生好想重來

傍晚從市區搭了計程車要回家吃飯，遇到一位運將大哥。

運將大哥頭髮有些灰白，講話有點菸嗓，低沉而沙啞，剃著平頭，我原本猜應該六十歲左右，後來才知道其實才五十六歲。

上車後我同樣的問候語開頭：

「大哥今天生意好嗎？」

運將大哥說：

「生意真的很慘，大家可能都自己開車出門，疫情還是有打擊到一些行業，像我們就是。」

「大哥您跑車之前是做哪一行的？」

我看著窗外人來人往，其實很多餐廳生意還是不錯。

運將大哥悠悠的說：

「我做過滿多行業的，以前開過酒店，也開過洗衣店，後來收一收來開計程車。」

「開酒店不是應該很賺錢，怎麼後來不做了呀？對我們一般人來說，您就是大老闆啊！」

運將大哥接著侃侃而談，說了不少往事。

「我開酒店是有賺錢，但我沒守住，後來還離婚，兩個女兒也跟著我老婆，我現在什麼都沒了。」

「沒守住？歹勢，問一下是股票還是賭博？」

跟這位曾經的酒店老闆對話，流利的閩南語還是很必要的。

「嗯……股票有輸一些，不過主要是賭博。股票剛開始有賺，贏了很多把，後來從一萬兩千點下去那次，把贏的都輸掉。之後改玩當沖，X，真的輸超快，後來有收手，所以不算輸太大。但賭博真的就大條了，十五年前連台北市的房子都賣掉，就爲了還債。當時賣一千四百萬左右，把三百多萬的銀行房貸清一清，剩下的就通通拿去還債。」

運將大哥提到這些往事，語氣充滿了後悔，沒有想隱瞞什麼的意思。

我接過話說：

「大哥您那時候台北市的電梯社區房子，如果十五年前可以賣一千四百萬，現在說不定有三千萬。」

「就算沒三千萬，也絕對有兩千五百萬。」

運將大哥清楚說了地點在哪，我也點頭表示認同。

大哥繼續說著：

「我老婆也在那時候帶著小孩離開我，這是我這一生的遺憾，她們怨我也是應該。」

我正想問這一路走來，如果可以重新來過，會想要改變些什麼事，大哥就自己主動說了。

「如果當初我不要賭就好了，人生就不會搞成這樣。」

「我其實不明白，爲什麼這麼多人喜歡賭博，因爲莊家是穩贏的，那去賭場到底爲的是什麼？刺激嗎？還是眞的以爲自己會贏？」

我像個剛出社會的新鮮人，問著過來人這個蠢問題。

運將大哥哈哈大笑說：

「你賭博是不是都輸？」

我笑說：

「是啊！從小到大沒有任何偏財運，難得跟家人賭一把也都是輸，買樂透也是一個號碼都不會中的那種。所以才覺得賭博都是在騙錢，實際上遠離這種壞習慣也是好的。」

運將大哥笑笑說：

「正因爲沒贏過的人，反而不會去碰。像我們曾經贏過幾把大的，才眞的會撩下去，輸大錢。」

我納悶追問：

「那大哥可不可以說說看，曾經贏過最大的一筆獲利是多少，虧損最多的又是多少？」

大哥認眞想了一下才回答我：

「天九牌，曾經一把贏快一百萬。可是輸最大的一筆，也是一百多萬，不到兩百萬。」

我心想，在十五、二十年前，這都是可以當頭期款買房子的金額，竟然就在牌桌上來來去去，眞的很可惜。

那聊聊開酒店好了，至少不要想著賭博這段低潮往事。

「大哥，那您們開酒店眞的要擺平黑白兩邊嗎？」

運將大哥也直言不諱：

「黑白兩邊要安撫好，這是必然。我們規模不大，是小間的，白的那邊照三節給就好，有的地方是每月收，這不一定。越大間的，自然要給越多，要分的人頭也多。不同單位要的都不太一樣，但這還算有品，黑的那邊比較麻煩，常常要拿又要喝。開酒店最後會倒的，都是因爲被簽單壓垮。」

運將大哥也把哪些人要包紅包，還有金額都說了一遍，絕不能少給。

眞的是增廣見聞，這邊也只能略過敏感的內容。

「簽單？是不是就賒帳的意思？你說拿了還要喝，這當然不行，久了自然會垮。」

運將大哥語氣稍微激動了起來，他說：

「對啊！你才知道。開這個通常不會虧，都是被人家越欠越多，輸在簽單。如果找警察來處理，你擺明就是要撕破臉，以後生意也不用做了。我們店就固定在那，跑不掉，人家如果挑事情來鬧，客人就不會來，我們也只能盡量忍，吞了。」

「白的那邊就不會有這樣的現象嗎？」

好奇多問了幾句。

「畢竟有那個身分在，打個折而已，警察不會欠太大。」

轉眼時間，我們已經下了快速道路。

「那大哥，再請問一下，像您看過、帶過的小姐，有人是靠那行賺快錢，再靠投資理財爬上岸的嗎？」

「很少很少，幾乎都是靠找到一位大老闆，之後游上岸。不管是順利結婚或者被包都無妨，兩、三年後被甩也沒差，有的人順利就上去，有些不順的還會回鍋。還是要看從那些大老闆身上挖多少，如果只挖到幾十萬或一、兩百萬，那沒用，假如能挖到幾千萬，那就ＯＫ。」

目的地快到了，運將大哥丟下了這句話收尾：

「簡單來說，下去要再上來沒這麼容易。」

沿途運將大哥還講了很多往事。

酒店是三十年前開的，後來收了，去開洗衣店，也開了十年，現在才來跑計程車。

來不及聊到洗衣店的事，車子已經到家門口。

我問了最後一個問題：

「您老婆當初帶著兩個女兒離婚，這樣怎麼養大她們，你有給生活上的錢嗎？」

此時車子已經停下，運將大哥若有所思，然後說：

「這些年我老婆也辛苦了，剛開始我有給，可是後來我也沒錢了，就沒辦法給。她到底怎麼養大兩個女兒，我也不知道。我以前是大男人主義，老婆也勸不動我。現在想想，到了這個年紀什麼都沒有，人生好想要重來一次。」

我一邊打開車門，點頭說著：

「雖然我也中年，兩個孩子的爸，但在您面前，我今天好像是十五歲的孩子。很高興有個老前輩願意講這些，您真的很不簡單。我們都要繼續努力生活下去，大哥您要加油，祝身體健康，一定要撐住。」

運將大哥也跟我道別說謝謝。

結束這場美好的對話，我們也許就此不會再見。

畢大想跟你分享的是——

對這位運將大哥來說，十五年前發生的事彷彿歷歷在目，跟妻女分開，是他一生割捨不下的傷痛。

我們中年人要記得，過了四十歲之後，時間加速非常快，因為每天都在忙。

要悠閒的過日子，享受生活，奠基於二十到四十歲這段時期的打拚，而非一、兩年的努力而已。

要記住，年輕時不要用「反正還年輕」來縱容自己走偏路，因為有一天我們會老去，而沒錢又會老得特別快。

5

不要讓青春時光虛度，造成中年慘痛的遺憾

晚上從市區叫了台 Uber 回內湖，駕駛是位很有型的司機大哥，駕駛執照上的照片還留著小鬍子，看起來就像三十幾歲還四十幾歲的型男。

上車後，老樣子先開口問候幾句：

「大哥您這麼拚呀？週日晚上還不休息？」

這位小鬍子大哥說：

「唉唷，被債追著跑，哪敢休息。一個月三十天，我開車三十天，你說這時候才六點多，怎麼可能休息？」

我接著問：

「大哥您幾歲？是欠卡債還是？」

小鬍子司機大哥說：

「你說我喔？五十歲了，哈哈！看不出來嗎？不是欠卡債，是一堆債。」

司機大哥的照片看起來英姿勃發，不過聊起天卻非常親切，不是那種很Man的類型。

大哥沒結婚，他說去年十二月時，交往八年的女友跟人家跑了。

我帶著疑惑問：

「交往八年眞的很久，怎麼沒結婚呀？是打算當不婚族嗎？」

小鬍子司機大哥接著說：

「年輕時當然有想過結婚，可是到現在這年紀就沒這念頭了。我也交往過幾個女友，一個十二年，一個兩年，一個八年，就剛跟你說去年底跟人家跑了那個。長得好看敵不過現實的考驗，有經濟基礎還是最重要的。」

「交往這麼多年，對方也等很久了，這沒辦法啊！」

我試著站在女生的角度說這事。

司機大哥苦笑說：

「我一直想說等事業做出點成就再結婚。我之前工程師當一當，跑去創業，做進口建材的生意。哪知道台灣人還是比較重視ＣＰ值，設計師覺得我的東西貴，不好賣，最後還欠債一堆。」

「大哥您住哪？有房子了嗎？」

我試著轉個話題。

「有，在新莊，八年前買的，剛好也是高點，到現在還套牢。」

我有些納悶問：

「疫情發生後這一年多來，房地產好像全台都漲滿多的，你八年前買新莊還虧，怎麼會這樣？雖然我知道二〇一四年也是高點，但也不至於還沒解套吧？」

小鬍子大哥嘆了口氣：

「當時我根本沒做什麼功課就上了，買的是老公寓，新北的老公寓不像台北市這麼穩，新莊現在貴的是新大樓，老公寓並沒有回去高點。我前陣子還請銀行鑑價，想說如果有漲的話，可以借一些低利率出來周轉。哪知道銀行鑑價只值二十七萬一坪，當初我追到三十八萬一坪。」

我沒有多說什麼，只是跟著嘆了口氣，安慰他兩句：

「至少房貸好好繳完，這還是您的房子。」

怎知道司機大哥接下來的話更驚悚：

「我跟你說，我每個月都不敢休息，淨賺有十萬沒錯，可是房貸一個月兩萬五，車子用租的，每個月要兩萬，油錢一個月要一萬六，加上做生意欠的債，每個月要還兩萬，這樣加起來就……」

不等他說完，我馬上說：

「加起來八萬一，這樣不就沒剩多少錢了？還好您沒結婚、沒生小孩，要不然就慘了。」

司機大哥講話一直都滿像年輕人的口吻，用詞感覺就是沒太多滄桑，雖然已經五十歲，感覺依舊才三十幾歲而已，聽他講話大概就是這樣的感受。

這是好事嗎？也說不上，好像不符合這年紀會說的話。

我猜小哥的原生家庭環境應該不錯。

「我跟你說，我老家也是在內湖，台北人，雖然不是有錢人家，可是爸媽保護得很好，我跟哥哥都沒吃過什麼苦。爸媽只叫我要好好讀書，以後坐辦公室，可是我就眞的不會讀書，想去打工，家人也擋，他們覺得不差這點小錢。直到後來，因爲經驗不足，追高了新莊的老公寓，做生意又欠債，現在連買台車都買不起，所以才用租的。」

大哥語重心長講出這些話。

我盡力安慰著：

「我是外地到台北打拚，還有兩個孩子，也是過了很辛苦的一段日子，才僥倖能在台北落地生根。雖然您選擇不婚不生這條路，而我有兩個兒子要帶，都差不多辛苦，我們一起加油啦！」

運將大哥又接著說：

「說眞的，我有時候滿羨慕你們這些外地來的，因爲你們知道沒有退路了，一定要拚出點什麼。上次載到一個客人，六十幾歲，宜蘭人，也是當大老闆，眞的好厲害。年輕時我每個月就是泡妞、喝酒，加上交的女友都比較看外在，生日過節還要送 LV 有的沒的。其實分手後我仔細想想，這也是好事，要不然結婚好像也撐不起這個家庭。現在只想要一個人好好過日子，趁還有體力，把房貸還完。把這些債務都還清以後，應該可以比較輕鬆些。」

「大哥您要好好顧身體，都不休息也不行。」

連忙提醒個幾句，這種勞力活眞累倒了，就什麼都沒了。

「現在我每天開車也沒什麼開銷，以前我是馬子狗，因爲不想要爭吵，於是什麼都讓，讓到最後我好像什麼都不是。現在一個人也輕鬆了，回到家就是給自己兩小時，看看新聞，買罐啤酒，就是我的唯一休閒。五十歲的人也沒辦法熬夜，趕緊睡一睡，隔天又是新的一天，趕著跑車賺錢。」

大哥甚至跟我說起以前感情的種種往事。

很多細節其實可以理解，談感情不能只是單方面讓步，這不是一個健康的愛情模式，而且搞到自己還欠債，更是糟糕。

因爲過著不屬於自己應該享有的生活水平，那下場就是中年困窘，債務纏身。

我連忙再次安慰：

「別這麼說，您只是個性比較軟，找到願意一起打拚的就好，小事。」

我們也聊了些時下年輕人容易犯下的錯，他以前又有哪些事情造成現在的遺憾。

司機大哥說得很對，大多數女生還是希望能夠找到可以依靠的另一半，他的女友沒辦法再等下去。

他很遺憾，以前沒有人點醒他。

如果身旁有朋友或者一個貴人賞他一記耳光，當頭棒喝，或許一切就有機會做點改變。

我沒有多說什麼，只說這時候如果有啤酒好像可以乾一杯。

他笑笑說：

「有機會的話，哈哈！」

其實下車後又怎麼會有乾一杯的機會呢？

一切盡在不言中，我的確很想繼續跟他多聊幾句，但到家了，還是要下車，我的家人在等著我。

我跟小鬍子司機大哥說聲加油，就趕著進家門抱兒子。

人生有多苦，或許真的要遇到才會知道。

人生美好或苦悶，經濟能力可以決定六成以上，剩下四成就是親情、友情、愛情之類，或者被人肯定、被人需要的感覺。

這個夜晚，一向不怎麼喝酒的我，也想來一罐啤酒，品嘗剛剛司機大哥說的話。

只是一想到醫生要我吃的胃藥，還是算了。

中年人還是身體優先，喝水就好。

畢大想跟你分享的是——

年輕時多吃點苦不是壞事。

因為對我們大部分人來說，家中的財富並沒有多到可以讓你富裕一生的程度。上一代的努力只不過是基礎，打一個地基而已，這一代還是要接棒跑下去。

要不然，從中產階級變成負債人生，也不過轉瞬之間的事而已。

不用二十年就可以讓階級往下翻轉。

低利率的房貸是好債，高利率的債則是壞債，不要讓自己月收入十萬還喘不過氣。

6 年輕時以爲的義氣，害了晚年的自己

之前曾遇到一個案例，有一小段時間了，不過還記得七、八成。

當時搭車要前往台北市區，運將大哥看起來白髮蒼蒼，應該有六十幾歲。

上車後老樣子開個頭：

「大哥您假日還出來跑車，退休出來找事情做呀？」

「哪有退休，我哪敢退？還有房貸要繳！」

大哥口音聽起來應該是外省人。

這就有點就不明白了，上一代人的房貸不是早還光了？

畢竟三十幾年前跟現在房價差距這麼大，加上以前房貸年限大多是十五年或二十年，實在沒理由這位大哥還在還房貸。

「大哥您幾歲呀？六十五了嗎？以前你們那年代，房貸早還光了吧？怎麼還有房貸？」

我直白說出心中的疑問。

「唉唷，十幾年前，有幾個很要好的朋友，做生意一時需要周轉，義氣相挺借他們幾百萬，後來沒人還我。結果我小公司也陷入了一點營運困難，只能把房子拿去抵押，換些錢出來。」

大哥說出這段話，聽得出來很懊惱。

原本在車上還想睡覺的，聽到這邊都醒了。

「大哥您可以叫您朋友還錢啊？借錢還錢不是應該的嗎？要不然走法院也行。」

「這三個朋友，其中一個上個月燒炭自殺，剛走了。還有其他債主追著他們。我也上過法院，申請一堆有的沒的，人家就是不還你錢，這有用嗎？」

我試著轉移這個難過的話題，聊聊孩子吧！

孩子應該都大了，總會賺錢幫忙家中還房貸。

運將大哥接著說：

「兩個孩子，一男一女，都三十幾歲還是窩在家，有工作，但是都不結婚，那也算了，年輕人嘛！不過房貸他們都不願意幫忙。我老婆家管，眞的是女人愛亂講話，跟孩子說些有的沒的，結果這輩子讓孩子氣我氣到彼此也沒什麼對話。我六十九歲多，只能再開三個月，之後就不能跑車了，下一步要做什麼心裡也沒個底。」

原來，運將大哥的老婆常常跟孩子抱怨他借錢給朋友的事情，兩個孩子也認爲家中會淪落到這般困境，都是爸爸的錯。

雖然我不認識那兩個孩子，不過大致上也可以理解，因爲現在的確有不少年輕人生活沒辦法過很好，網路上一片檢討聲浪，都認爲原生家庭要負上最大責任。

倒也不能說全錯，雖然檢討爸媽聽起來大逆不道，但這也反應了這個世代年輕人的困境與無奈。

運將大哥講了很多太太的不是，例如這三十幾年來都是他賺錢養家，沒讓太太出去賺過一分錢。一個男人就是要有肩膀，不管家人埋怨什麼，都不能讓他們餓肚子，但是幹嘛跟孩子說這麼多。

講到後來我開玩笑說：

「那您沒想過離婚嗎？這樣就快活了。」

怎知這位老大哥的反應卻突然正經起來：

「我們這年代的人哪想過什麼離婚不離婚，吵架都是隔天睡醒就沒事，一個家少了一個爹娘都很難扛的。」

不知道這位老大哥還剩下多少房貸要還，能不能安享晚年，不過應該也還過得去。

孩子再怎麼不滿爸爸借錢給朋友，總不會看著爸爸年老倒在病床仍見死不救。

「沒遇到都不知道，年紀到了就知道。」

運將大哥後來這麼補充說。

下車時，這位年近七十歲的運將大哥突然說：

「好歹我當年也是○○大學國貿系畢業的，現在過這麼辛苦，也眞沒料到會這樣。」

我安慰著他：

「您也是那個年代的菁英分子，讀書人，大家都討生活而已，祝假日生意興隆。」

下車前往教室的路上，我一直在想：是什麼義氣值得讓運將大哥借出幾百萬？十多年前的錢比現在大多了。

借錢的三個朋友勢必也是山窮水盡，要不然其中一位都燒炭離世了，生活眞的走到絕境才會如此選擇。

另一方面，就算父親曾經做錯了一些判斷，但置之不理會是比較好的做法嗎？

一家人終究還是一家人，況且這個父親依舊努力養家並沒有懈怠。

兩個孩子也住在家中，如果能貼補一些家用，父親就不必辛苦成這樣。身爲家管的太太，跟孩子說明家中財務狀況，倒也不能說不對，不過讓孩子因此怨懟父親，似乎也不是個好辦法。

讀者們請記住，**幫助朋友一定要量力而為，就跟投資股票是一樣的。**

尤其這個年頭資金氾濫，銀行的調度是很寬鬆的，親友來找借錢，一律建議去跟銀行調度會比較妥當。

假如有人說：

「如果銀行就是不借他，該怎麼辦？」

那請試著想想，連銀行都不借的人，你敢借嗎？

錢借出去就不要想拿回來了。

請永遠記住，盡可能不要跟人有借貸的往來。

我們尋常人家禁不起一次這樣的重創。

我們都知道銀行資金氾濫，與其不好意思，還不如熱心的幫對方找銀行窗口，周轉度過難關。

這是很好的方法。成功借到錢的話，對方也感謝你，如果借不到錢，至少你也仁至義盡。

如果這時候還是想借錢給對方，說白了，就是自己義氣當頭，未來也不要怨人了。

結局往往都知道，沒有什麼可是不可是的。

看到這位年屆七十歲，即將不能再開計程車的大哥，如今還在煩惱財務問題，眞的是不勝唏噓。

家庭理財的重要性，不可輕忽。

多少人到了中年時期還存不到一些積蓄，這是非常危險的事。

不要覺得時間還早，當步入中年，時間流逝的速度會快得令人難以置信。

畢大想跟你分享的是——

沒生小孩也就算了，一旦為人父母，請千萬記住，不要隨便借錢給別人。

因為這筆錢極可能是將來孩子讀書的費用，也可以是孩子結婚的贊助，更可以是買房的頭期款，也能當作自己的養老本。

借錢這種事情如果難以拒絕，那麼請熱心的帶他去找各家銀行窗口，這就是很好的幫忙了。

7 樂活不是有錢就好，工作、運動、家庭，缺一不可

中午搭了台 Uber 要前往市區上課。

來了一台 Lexus，車子不算新，運將大哥看起來很斯文，瘦瘦的，戴著眼鏡，年紀應該有六十幾歲。

中午天氣很熱，車內冷氣倒是開很強。

試著跟運將大哥開點話題：

「大哥您好，現在這時間應該不會塞車吧？如果可以的話，麻煩幫我稍微趕一下，謝謝。」

運將大哥隔著口罩微微笑說：

「應該不會塞車，很快就到了。」

我看了一下手錶，時間還有四十分鐘，應該是沒問題。

我接著問：

「星期天還出來開車，怎麼沒在家休息呢？您應該也退休了，有六十五歲嗎？」

運將大哥笑笑說：

「我全年無休，習慣了，從年輕到現在都是這樣，哈！」

感覺這位運將大哥活力充沛，才知道原來已經六十八歲，快要六十九歲了。

由於運將大哥講話很斯文，而且氣質也像是知識分子，於是我繼續問：

「大哥您開計程車多久了呀？以前是做什麼領域，是公務員退休嗎？」

運將大哥說：

「沒有，我一直都在開計程車，開三十多年了。原本是小黃，這五年才轉這個。賺的錢是差不多，有比較輕鬆就是了，以前我就是路邊繞來繞去找客人。我不是什麼公務員啦！沒那麼會念書。」

我也笑笑回說：

「因爲看您的談吐跟氣質，跟平常遇到的小黃司機不太一樣，覺得滿有書香氣息的。您孩子也都大了吧，幾歲了呀？」

「一個三十一，一個三十二，兒子在新竹當工程師，女兒在澳洲當廣告設計師。」

運將大哥不疾不徐的介紹兩個孩子。

「那很好呀，看起來您孩子都教得很不錯，工作都滿好的。」

運將大哥笑呵呵說著：

「年薪兩百萬是有，只不過在新竹還是租八千五的套房，滿會吃苦的，也有準備要買房，因爲有打算要結婚了。女朋友也是什麼公司的小主管，收入也不錯，聽我兒子說有七、八萬。」

我說：

「您兒子不簡單，還願意住一個月八千五的套房，這樣能省錢，加上未來媳婦收入也不錯，那兩個人要成家就比較容易些。」

運將大哥繼續介紹著兒子：

「他很貼心，以前念大學的時候，冬天還會主動打電話來，說外頭天氣冷，要我早點回去休息，不要再跑車了。我們家的親子教育做得很好，我跟你說，什麼教育都比不上家庭教育。只要親子關係夠好，孩子就難壞到哪裡去。以前我週日早上開車，下午一定帶著兩個孩子出去玩，我們上山下海都去，就到處走一走，這是比我賺錢還重要的事情。

「小孩子最好教的時候就是十歲之前，而且上國中後我就沒有體罰過，都用朋友溝通的方式。例如他做錯事情，我會問他打算要怎麼處罰，可以有個上訴的機會，說說看爲什麼要做這件事，那小孩就會去思考，想想看爲什麼要做這件不對的事，還有思考相對的處罰要什麼程度才合理。」

運將大哥這樣說著。

我越來越覺得這是位値得記錄的前輩了。

我又接著問：

「您孩子在竹科當工程師，一定也是很厲害，很會讀書才有辦法。」

運將大哥說：

「我兒子成大研究所畢業。他如果知道我們有家庭聚會，也會問女朋友要不要一起來，假如覺得尷尬不想來也沒關係，那就請女朋友自己放一天假，不會因爲女朋友就忽略跟我們的聚會，對這個兒子其實是滿放心的。」

「女兒在澳洲結婚了嗎？」

想說聊聊女兒好了。

「女兒在澳洲有男朋友，也是台灣人，工作很穩定，正職的收入眞的比台灣高很多，而且之前疫情比較嚴重的時候，隔離期間薪水照領，這點是眞的很好，當然稅率也比較重。也是有在談結婚的事，說以後想留在澳洲。」

運將大哥聊著女兒在國外的事。

「年輕人，我跟你說，孩子的陪伴很重要，千萬不要以爲給他飯吃，給他水喝，孩子就會自己長大，這樣以後感情不會親。我沒辦法教他們功課，就是學費單來，我繳費而已，但他們的表現一樣讓我很欣慰，品行絕對比成績還重要。」

我在後座頻頻點頭，也佩服運將大哥的活力。

運將大哥快要六十九歲，已經是逼近計程車司機年齡上限的老先生，眞的保持得很好。不敢想像自己以後是否也能有這樣的好成績。

「我跟你說，我開計程車如果開到信義區那邊，我就爬上象山看一看，如果經過大湖公園，我就爬白鷺鷥山，車子後車箱都是爬山裝備，隨時可以走到哪玩到哪。這是一種自律，運動流汗就是用逼的，那身體自然健康。」

大哥這麼說，眞的讓我很震驚。

隨時做好要去運動的準備，開車就順便賺錢，這樣隨遇而安的心情，也難怪日子過得很舒爽。

每個月不一定賺很多錢，兒子、女兒多少會寄來孝親費，運將大哥自己也還會賺個幾萬塊，那生活自然就不錯。

不是每個人都能夠提早財務自由，
也不是每個人都可以五十歲就退休不工作。
但我們可以選擇工作的方式，怎樣才比較快樂，
也可以選擇工作的態度，怎樣才比較有成就感，

更重要的是，身體病痛少一些，
那肯定比生一堆病要舒服多了。

中年之後的任務，其中一項就是不要讓晚輩有負擔，盡可能讓自己可以照顧自己。

我們人終其一生，最後還是要自己走自己的路，即便是另一半都未必能陪著我們。

就以這位老運將先生來說，他太太不喜運動，那他就做自己的規畫。

至於教育這塊，量力而為，能夠花多少錢就花多少。

把品行顧好，凡事盡心盡力，保有一顆體貼的心，為別人思考，很多時候錢就靠過來了。

這是今天發生的搭車日常。

許多小人物都有值得我們學習的地方。

話說，到現在我還是覺得這位運將大哥比較像退休醫師或公務員，講話的內涵跟深度都不錯，是一趟很有價值的旅程。

每個人都要過更精彩的人生，真的不要浪費虛度。不是只有玩樂才叫作把握人生，認真把每一天過得扎實，那就稱為把握當下。

畢大想跟你分享的是——

家庭教育的本質就是陪伴與對話。

太多家庭的親子關係過於緊繃，而樂活人生的三大要素：工作、運動、和諧的親子關係，缺一不可。

以為有錢就會快樂，那未免過於武斷。

金錢很重要，至少影響我們五成以上的快樂，但其他權重，就要靠自己平日的紀律與維持。

怎麼樣讓我們的生命更圓滿，這是平常可以花點時間去思考的。

Eurasian Publishing Group
圓神出版事業機構
用心與你對話・網野無限寬廣
先覺出版社
Prophet Press

www.booklife.com.tw　reader@mail.eurasian.com.tw

商戰 231

我在計程車上看到的財富風景：

往上翻身與向下墜落的關鍵瞬間

作　　者／畢德歐夫
發 行 人／簡志忠
出 版 者／先覺出版股份有限公司
地　　址／臺北市南京東路四段50號6樓之1
電　　話／（02）2579-6600・2579-8800・2570-3939
傳　　真／（02）2579-0338・2577-3220・2570-3636
副 社 長／陳秋月
資深主編／李宛蓁
專案企畫／尉遲佩文
責任編輯／劉珈盈
校　　對／劉珈盈・林淑鈴
美術編輯／李家宜
行銷企畫／陳禹伶・黃惟儂
印務統籌／劉鳳剛・高榮祥
監　　印／高榮祥
排　　版／陳采淇
經 銷 商／叩應股份有限公司
郵撥帳號／ 18707239
法律顧問／圓神出版事業機構法律顧問　蕭雄淋律師
印　　刷／祥峯印刷廠
2023年2月　初版

定價 380 元　ISBN 978-986-134-447-8

每個人都要過更精彩的人生，眞的不要浪費虛度。

不是只有玩樂才叫作把握人生，認眞把每一天過得扎實，那就稱爲把握當下。

——畢德歐夫，《我在計程車上看到的財富風景》

國家圖書館出版品預行編目資料

我在計程車上看到的財富風景：往上翻身與向下墜落的關鍵瞬間／畢德歐夫 著. -- 初版. -- 臺北市：先覺出版股份有限公司，2023.02
352 面；14.8×20.8公分
ISBN 978-986-134-447-8（平裝）

1. 財富　2. 個人理財

563　111021101